부동산
매매사업자
세금 완전정복

부동산
매매사업자
세금 완전정복

ⓒ 오동욱, 2025

초판 1쇄 발행 2025년 3월 12일

지은이	오동욱
펴낸이	이기봉
편집	좋은땅 편집팀
펴낸곳	도서출판 좋은땅
주소	서울특별시 마포구 양화로12길 26 지월드빌딩 (서교동 395-7)
전화	02)374-8616~7
팩스	02)374-8614
이메일	gworldbook@naver.com
홈페이지	www.g-world.co.kr

ISBN   979-11-388-4095-8 (03320)

부동산 경매 투자자의
세금 필독서

부동산
매매사업자
세금 완전정복

오동욱 지음

부동산 매매사업자가
반드시 알아야 할
**세금에 대해
총정리!**

좋은땅

최근 고금리와 경기불황으로 인해 부동산 경매 건수가 많이 증가하였고 경매 등으로 매입하여 단기간 내에 매도를 하는 경우도 자주 발생합니다. 이러한 경우 양도소득세의 높은 단기매매 세율이 적용되어 이익의 상당분을 세금으로 납부해야 하는 상황이 발생합니다.

그에 반해 부동산의 매매를 사업적으로 하는 부동산매매사업자의 경우에는 양도소득세가 아닌 사업소득에 해당하여 종합소득세로 과세되어 특정한 부동산 외에는 양도소득세의 단기매매 세율 대신 종합소득세율의 적용을 받게 됩니다.

그리고 일반적으로 부동산의 매입시 대출을 받게 되는데 이때 발생하는 이자비용은 양도소득세 계산시 필요경비로 차감이 되지 않고 도배와 장판 등 자본적지출에 해당하지 않은 수리비도 양도소득세 계산시는 비용으로 인정이 되지 않습니다

그에 반해 부동산매매사업자는 이자비용, 수선비, 여비교통비 등 사업과 관련된 비용도 필요경비로 인정됩니다. 이와 같이 단기매매라도 양도소득세보다 낮은 세율이 적용되고 경비의 인정범위도 넓다는 점 때문에 부동산매매업을 하시려는 분들이 많이 있습니다.

하지만 부동산매매업에 대해 제대로 이해를 하지 못하고 당장의 세금을 적게 낸다는 생각 때문에 깊은 고민 없이 부동산매매업으로 사업자등록을 하고 종합소득세로 신고를 하는 경우가 있습니다. 하지만, 이렇게 부동산매매사업자로 소득을 신고하고 세금을 납부하였다고 하더라도 과세당국은 부동산매매업으로 인정을 하지 않고 추후 양도소득세로 추징을 하는 사례가 종종 발생합니다.

특히 사업자등록을 하고 부동산매매업을 하시면서도 장부작성은 무엇이고 종합소득세와 양도소득세의 과세체계가 어떤 차이가 있는지 그리고 부가가치세의 과세구조와 과세와 면세의 차이가 무엇이며 어떻게 세금이 달라지는지 등 부동산매매업의 세금 전반에 대한 기본적인 이해도 없이 시작하시는 분들을 종종 접하게 됩니다.

이 책은 부동산매매사업자가 반드시 알아야 할 세금에 대해 총정리가 되어 있습니다. 그리고 부동산매매업을 시작하기 위한 사업자등록과 각종 세무 신고에 대한 이해를 쉽게 할 수 있도록 다양한 예시로 설명을 하였습니다. 따라서 부동산매매업을 시작하시려는 분들과 이미 하고 있으나 부동산매매업과 관련된 다양한 세금의 과세 구조에 대한 체계적인 이해가 부족한 분들에게 많은 도움이 될 것이라고 생각됩니다.

1장에서는 부동산 세금에 대해 최소한 알아야 할 내용을 정리하였고 2장에서는 부동산매매업을 하고자 하는 경우에 필요한 세무 지식을 담았으며 3장에서는 실제로 부동산매매업을 시작하여 사업자등록부터 매입과 매도의 과정에서 발생하는 토지등 매매차익 예정신고와 종합소득세 신고 그리고 부가가치세 신고 등 전반적인 세무신고 과정을 사례로 설명하였습니다. 마지막으로 4장에서는 개인 부동산매매사업자가 아닌 법인으로 운영하고자 하는 경우 세무상 어떤 차이점이 있는지와 법인으로 운영시 장단점 등의 내용을 담았습니다.

주요 독자 층이 세금을 잘 모르는 비전문가가 될 것이므로 집필하는 과정에서 법 조문의 나열이나 이론적인 설명보다는 본 저자가 실제로 부동산매매사업자 세무기장 업무를 하면서 만난 많은 고객 분들이 자주 궁금해하시고 어렵게 생각하시는 부분들과 실무적으로 자주 발생하는 세무적인 이슈 위주로 다루었습니다. 아무쪼록 본 도서가 부동산매매업을 영위하는 데 많은 도움이 되어 최대한 절세를 하여 투자수익을 극대화할 수 있기를 바랍니다.

끝으로 집필 과정에서 부동산매매업을 직접 운영하시면서 겪은 세금 관련 이슈에 대해 많은 의견을 주셔서 책에 반영하도록 도움을 주신 부동산매매사업자 대표님들에 감사드립니다. 그리고 저를 항상 응원해 주시는 오즈씨앤디 오창석 대표님과 가족들에게도 고마운 말씀을 전합니다.

| 목차 |

부동산매매업의
이해

부동산매매업의 개념 및 장점

개인이 부동산을 매도하는 경우에 양도소득세로 과세가 됩니다. 그러나 부동산매매업은 양도소득세와 달리 사업소득에 해당하여 종합소득세로 과세가 됩니다. 반면, 개인이 아닌 법인인 경우는 법인세로 과세됩니다.

즉, 같은 부동산을 매매하는 경우에도 개인인지 법인인지, 개인의 경우에는 매매가 사업성이 있는지 없는지에 따라 사업소득(부동산매매업)인지 양도소득세인지로 과세 방식이 달라집니다.

[부동산 양도차익 과세 구조]

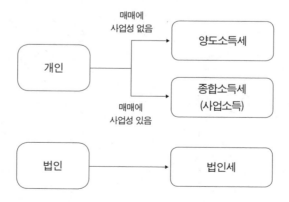

□ 사업소득이란

세법에는 사업소득이란 '영리를 목적으로 자기의 계산과 책임하에 계속적·반복적으로 행하는 활동을 통하여 얻는 소득'이라고 규정하고 있는데, 부동산 매매를 계속적·반복적으로 하는 경우에는 부동산매매업에 해당하고 사업소득으로 분류되어 종합소득세로 과세되며 그렇지 않고 일시적·우발적인 매매를 한다면 이는 양도소득세 과세 대상이 되는 것입니다.

예를 들어, 중고거래 플랫폼을 통해 개인이 사용하던 중고 물품을 팔아서 소득이 발생한 경우 해당 소득은 과세 대상이 아니지만 중고물품을 매입하고 이를 플랫폼을 통해 파는 행위를 계속적·반복적으로 하는 경우에는 사업소득으로 보아 과세되는 것입니다. 즉, 동일한 물건을 판매하더라도 사업자인지 비사업자인지 여부에 따라 과세 분류가 달라지게 됩니다.

중요한 점은 사업자인지 여부는 사업자등록을 했는지 여부로 판단을 하지 않습니다. 사업자등록이 없지만 거래의 행태가 사업소득에 해당한다고 판단되면 사업소득으로 과세가 되는 것입니다.

□ 부동산매매업이란

그렇다면, 세법에서는 어떠한 경우에 부동산을 사고 팔 때 사업성이 있다고 보아 부동산매매업으로 인정을 하고 어떤 경우에 양도소득세로 과세가 되는지 알아보겠습니다.

소득세법 시행령에는 부동산매매업을 「한국표준산업분류에 따른 비주거용 건물건설업(건물을 자영건설하여 판매하는 경우만 해당한다)과 부동산 개발 및 공급업을 말한다. 다만, 한국표준산업분류에 따른 주거용 건물 개발 및 공급업(구입한 주거용 건물을 재판매하는 경우는 제외한

다. 이하 "주거용 건물 개발 및 공급업"이라 한다)은 제외한다.」로 정하고 있습니다. (제122조)

조문의 내용은 복잡해 보이지만 이를 정리하면 부동산매매업은

① 비주거용 건물 건설업(자영건설)
② 부동산 개발 및 공급업(주거용은 제외, 단 구입한 주거용 건물 재판매는 포함)

을 의미하고 구체적으로 표준산업분류표의 업종에 대한 설명을 살펴보면 다음과 같습니다.

구분	표준산업분류표 정의
비주거용 건물 건설업	사무 및 상업용 건물, 제조업 및 기타 산업용 건물 등의 비주거용 건물을 건설하는 산업활동을 말한다
부동산 개발 및 공급업	직접적인 건설활동을 수행하지 않고 일괄 도급하여 개발한 농장·택지·공업용지 등의 토지와 건물 등을 분양·판매하는 산업활동을 말한다. 구입한 부동산을 임대 또는 운영하지 않고 재판매하는 경우도 포함한다.

이상의 내용을 정리해 유형별로 소득세법상의 업종을 분류해 보면 아래와 같습니다.

① 비주거용 건물 신축판매 ⇒ 부동산매매업
② 주거용 건물 신축판매 ⇒ 건설업

③ 부동산을 매입하여 재판매 ⇒ 부동산매매업

매매나 경매를 통해 부동산을 취득하고 이를 다시 매도하는 것을 사업적으로 하는 경우에도 부동산매매업에 해당하나, 비주거용 건물을 신축판매하는 경우에도 부동산매매업에 해당하게 됩니다.

부동산을 매입하여 재판매하는 부동산매매업은 사업성이 있는지 여부에 따라 양도소득세로 과세될지 사업소득으로 과세될지가 달라지는데 이에 대해서는 Ⅱ.3 양도소득세의 해당 부분을 참고하시기 바랍니다.

□ **부동산매매업 장점**

부동산매매업을 하고자 하는 분들의 경우 대부분 아래 2가지 장점으로 인해 시작하시는 경우가 많습니다.

1) 세율 측면에서 유리

보유기간이 2년 미만인 단기매매의 경우에 양도소득세율은 40~70%의 높은 세율이 적용되지만, 부동산매매업은 사업소득으로 종합소득세율이 적용됩니다. (비사업용 토지 등 특정 부동산은 제외)

2) 비용 인정 범위가 넓음

양도소득세 계산시 필요경비로 인정되지 않는 이자비용, 수익적 지출, 사업 관련 각종 판매관리비 등이 부동산매매업의 사업소득 계산시에는 필요경비로 차감이 됩니다.

우선, 세율 측면에서 보면 양도소득세는 보유기간이 2년 미만인 부동산을 양도하는 경우에는 투기적인 매매로 보아 주택, 조합원입주권, 분양권의 경우 60~70%의 세율이 적용되고 그 외의 토지와 건물도 40%~50%의 높은 세율이 적용됩니다.

[단기매매 양도소득세율]

보유기간	주택, 조합원입주권, 분양권	그 외 토지, 건물
1년 미만	70%	50%
1년~2년	60%	40%

그에 반해 부동산매매업의 경우 사업소득이므로 다른 근로소득이나 사업소득 등과 합산이 되지만 적용되는 세율은 아래의 기본세율이 적용됩니다. 물론 타소득이 이미 높은 경우에는 부동산매매업으로 인한 소득이 추가됨으로 인해 높은 구간의 세율이 적용될 수는 있으나 양도소득세의 단기매매세율보다는 낮은 것이 일반적입니다.

[종합소득세 세율]

과세표준	기본세율	누진공제액
1,200만원 이하	6%	-
1,200만원~5,000만원	15%	108만원
5,000만원~8,800만원	24%	576만원
8,800만원~1.5억원	35%	1,544만원
1.5억원~3억원	38%	1,994만원
3억원~5억원	40%	2,594만원
5억원~10억원	42%	3,594만원
10억원 초과	45%	6,594만원

단, 정부정책상 특정 부동산의 매매에 대해서는 보다 높은 양도소득세율을 적용하여 패널티를 주고 있는데 부동산매매업을 활용하여 높은 양도소득세율 적용을 피하고 종합소득세율로 과세되는 것을 막을 필요가 있습니다.

이에 따라, 특정 부동산의 매매시에는 종합소득세율과 양도소득세율 적용시 보다 큰 것을 적용하는 비교과세 제도를 적용하도록 하고 있습니다. 아래에 해당하는 자산의 매매는 최소한 높은 양도소득세율을 적용하도록 하기 때문에 이러한 자산을 거래하는 것은 매매사업자로의 실익이 크게 없어지게 됩니다.

① 분양권
② 비사업용 토지
③ 미등기부동산
④ 중과세율 적용대상 주택

특히 ④번에 해당하는 다주택자의 조정대상지역 양도소득세율 중과 적용은 한시적으로 배제하고 있으나, 보유기간이 2년 미만인 경우에는 중과세율이 여전히 적용됩니다. 만약 조정대상지역의 주택을 단기 매매하는 경우라면 종합소득세율 적용하는 경우와 양도소득세율의 중과세율과 단기매매세율 중에 가장 많이 산출되는 세금으로 납부를 해야 함에 유의해야 합니다.

다음으로 양도소득세 대비 필요경비의 인정 범위가 넓다는 것이 장점인데, 이는 양도소득세에 열거하고 있는 필요경비 항목 대비 사업소득의 필요경비로 열거된 항목들이 많기 때문입니다. 부동산매매업은 사업소득이므로 다른 사업소득과 동일하게 사업과 관련된 비용은 인정됩니다.

주요 항목별로 필요경비의 인정여부를 살펴보면 다음과 같습니다.

항목	양도소득세	부동산매매업
취득세, 법무사수수료, 인지대 등	인정	인정
자본적 지출(샤시, 확장공사, 보일러교체 등)	인정	인정
중개수수료, 채권매각손실	인정	인정
이자비용(부동산 취득 관련)	불인정	인정
수익적 지출(도배, 장판, 싱크교체, 수선비 등)	불인정	인정
차량유지비, 접대비, 인건비 등	불인정	인정
부동산 관련 세금과 공과금	불인정	인정
부동산 화재 보험료 등	불인정	인정
이사합의금, 전 소유주 체납관리비	불인정	불인정

부동산매매업에 필요경비로 인정되는 항목별 구체적인 설명은 Ⅲ.2를 참고해 보시기 바랍니다.

양도소득세와 부동산매매업의 세금을 비교하기 위해 다음의 주택(비조정지역)을 단기매매한 사례로 계산을 해 보면,

[양도소득세]

산식	항목	금액
	양도가액	380,000,000
(-)	취득가액	300,000,000 + 40,000,000 = 340,000,000
(-)	필요경비	10.000.00 + 5,000,000 = 15,000,000
=	양도차익	25,000,000
(-)	장기보유특별공제	-
=	양도소득금액	25,000,000
(-)	양도소득기본공제	2,500,000
=	과세표준	22,500,000
(×)	세율	70%
=	산출세액	14,190,000

　양도소득세로 과세될 경우, 이자비용과 수익적지출은 필요경비로 인정이 안되고 1년 이내 주택의 단기매매로 70%의 세율이 적용되기 때문에 14,190,000원을 세금으로 납부해야 합니다.

[종합소득세]

산식	항목	금액
	매출액	380,000,000
(-)	매출원가	300,000,000 + 40,000,000 = 340,000,000
(-)	기타비용	10,000,000 + 5,000.00 + 5.000,000 + 5,000,000 = 25,000,000
=	종합소득금액	15,000,000
(-)	소득공제	3,000,000
=	과세표준	12,000,000
(×)	세율	6%
=	산출세액	720,000

부동산매매업으로 과세될 경우에는 이자비용과 수익적지출도 필요경비로 인정이 되고 세율도 종합소득세율이 적용되므로 720,000원으로 세금이 대폭 줄어들게 되는 것을 알 수 있습니다.

물론 위의 사례는 다른 소득이 전혀 없는 경우를 가정한 것으로 종합소득 과세대상인 근로소득이나 다른 사업소득이 있다면 종합과세되어 위의 사례보다는 높은 세율이 적용됩니다.

부동산매매업을 하면 안 되는 경우

　많은 분들이 양도소득세 대비 비용의 인정 범위가 넓고 단기매매의 경우에도 적용세율이 낮다는 점으로 인해 부동산매매사업자를 하려고 하십니다. 하지만, 부동산을 단기 보유하고 매매한 이후에 부동산매매사업자로 사업자등록만 하면 양도소득세의 높은 단기매매세율을 피할 수 있다면 양도소득세로 납부하는 사람들이 바보일 것입니다.

　중요한 점은 부동산매매업으로 사업자등록만 한다고 하여 부동산매매사업자로 인정되지가 않습니다. 부동산매매업이 사업으로 인정받기 위해서는 부동산 매매를 계속적·반복적으로 해야 하므로 사업성의 인정여부에 있어서 가장 중요한 것은 거래 빈도라고 볼 수 있습니다.

　그러나 실제로 부동산매매업으로 사업자등록을 하고 세무기장을 의뢰하시는 고객분들 중에 상당수가 이런저런 문제로 인해 제대로 부동산매매업을 운영하지 못하시거나 결국에는 중도 폐업을 하시는 경우가 상당히 많은 편입니다.

　부동산매매업 운영을 제대로 하지 못하게 되는 대표적인 원인들은 다음과 같습니다.

□ 1채를 팔고 매입하려는 경우

가장 많이 발생하는 경우로 1채를 매입한 이후 그 부동산을 매도한 자금으로 다시 다음 물건을 매입하는 방식으로 매매 계획을 잡으시는 경우입니다.

계획대로 매입한 물건이 단기간 내에 순조롭게 매도가 되면 문제가 없겠지만 본인의 매도 희망금액에 도달하지 않거나 부동산 시장의 거래 절벽 등이 발생하는 경우 의도치 않게 단기매도에 실패하게 됩니다.

결국에는 다음 물건을 매입할 자금이 부족하여 거래 횟수를 채우지 못하게 되고 이로 인해 부동산매매사업자로 인정받지 못하게 되는 결과를 초래하게 됩니다.

본인의 자금 상황을 고려하여 1건의 매입에 모든 자금을 투입하면 안 되고 여러 건의 매입과 매도를 동시에 진행한다고 생각하고 매매 계획을 수립해야 합니다.

물론 현재는 취득세 중과제도로 본인의 거주목적 주택과 부동산매매업 재고주택이 1채가 있는 상태라면 1채를 추가로 취득시 비조정지역이라도 1세대 3주택이므로 중과세율이 적용됩니다. 그러나 부동산매매업은 계속적·반복적으로 매매하는 사업성이 중요하기 때문에 이를 위해 취득세가 중과되지 않는 시가표준액 1억 이하 주택 또는 중과세율이 없는 비주거용 부동산이라도 매매를 하는 것이 사업성을 유지하는 측면에서도 유리합니다.

□ 과도한 욕심을 부리는 경우

부동산매매업은 부동산 시장의 상승추세 반전을 노리고 매입하여 장기간 보유하는 것이 아니고 임대수익이 목적도 아니기 때문에 임대를 하지 않거나 부득이하게 임대를 하게 된 경우라도 실제 임대 기간은 단기인 일시 임대만 가능합니다.

따라서 부동산매매사업자들은 대개 몇 개월을 보유하고 약간의 이익만을 내고 단기매도를 하는 것이 일반적입니다.

그런데 부동산 매입 이후 가격이 오르지 않거나 매입하여 약간의 이익을 보고 팔 수 있지만 나중에 상승추세로 진입하여 더 오를 것으로 보고 팔지 않는 경우가 종종 발생합니다. 부동산매매업은 매매를 업으로 하는 사업입니다.

가격 상승을 노리고 팔지 않고 장기 보유하고 임대하는 경우에는 부동산매매업으로 보지 않을 수 있고 임대사업용 부동산으로 보아 추후 양도소득세로 추징될 수가 있습니다. 부동산매매사업자는 부동산을 사고 파는 활동이 사업이고 계속적·반복적으로 해야 한다는 것을 반드시 명심하고 시작을 해야 합니다.

□ 시간적인 여유가 부족한 경우

부동산매매업은 경매나 급매물 등을 매입하여 단기간에 매도하는 것이 일반적인데 경매 입찰 등 부동산 매입의 단계에서 매물검색과 권리분석 등 상당한 시간이 소요가 됩니다.

하지만 부동산매매업은 전업으로 하는 경우보다는 직장을 다니거나 다른 사업을 하면서 투잡의 성격으로 하시는 분들이 많습니다.

부동산매매업으로 사업자등록을 한 초기에는 여러 입찰에 참여하는 등의 부동산매매업을 의욕적으로 하다가 직장인의 경우 회사의 업무량이 많아지거나 이직 등 직장 관련 이슈가 발생하거나 또는 다른 사업체에 시간을 많이 할애해야 하는 등의 문제로 부동산매매업에 투입할 시간이 줄어들어 매매 횟수가 적어지는 경우가 종종 발생합니다.

부동산매매업도 사업이므로 꾸준한 매물 검색과 매매의 과정이 이루어져야 하고 이를 위해 많은 시간을 계속적으로 투입할 수 있어야 합니다. 본업이 있는 상태에서 여유시간의 투잡으로 만만하게 보고 시작하다가 바빠서 중도에 폐업을 하는 경우도 많이 발생하니 본인이 부동산매매업에 계속적으로 일정 시간 이상을 할애할 수 있는지도 고려하여 시작을 해야 합니다.

□ 양도소득세 내기 싫어서 시작한 경우

부동산의 단기매매로 우연히 괜찮은 수익을 보게 되었는데 양도소득세가 너무 높아서 걱정하던 중에 알아보니 매매사업자를 내면 세금이 줄어든다는 얘기를 듣고 매도 시점에 매매사업자 사업자등록을 하여 양도소득세가 아닌 매매사업자로 토지등 매매차익 예정신고를 하고 종합소득세로 신고하는 경우가 종종 있습니다.

이런 경우라도 1건 매매 이후에 부동산의 매매를 활발하게 한다면 단기매매를 한 해당 물건도 매매사업자 물건에 해당한다고 볼 수 있습니다.

그러나 처음부터 부동산매매업의 특성을 잘 이해하고 단기매매를 활발하게 할 계획으로 경매 등을 배우고 시작하는 경우가 아니라 단지 양도소득세의 높은 단기매매세율을 피하려고 계획에도 없던 매매사업자를 낸 경우라서 일반적으로 이후에 매매를 활발하게 하지 못하는 경우가 많고 결국 양도소득세로 추징을 당하게 됩니다.

③ 부동산에 대한 과세 체계

개인이 부동산을 취득하여 양도하는 과정에서 발생하는 대표적인 세금을 정리하면 아래 표와 같습니다. 여기에 취득, 양도, 임대 과정에서 부가가치세 과세 대상인 경우 부가가치세도 발생하게 됩니다. 그리고 법인의 경우에는 개인과는 달리 발생하는 소득에 대해서는 법인세법이 적용됩니다.

구분	세금 유형	적용 세법
취득	취득세	지방세법
보유	재산세	
	종합부동산세	종합부동산세법
임대	종합소득세(임대업)	소득세법
양도	양도소득세	
	종합소득세(부동산매매업)	

취득과 보유 단계에서 발생하는 취득세, 재산세, 종합부동산세는 부동산매매사업자인지 비사업자인 개인으로 매매하는 것인지에 따른 큰 차이가 없습니다.

그러나 양도 단계에서 양도소득세가 적용되는지 종합소득세가 적용되는지는 세금계산 체계가 다르므로 큰 차이가 발생합니다. 편의상 양도 단계로 표시하였으나 엄밀히 말하면 사업소득인 부동산매매업에 대해 종합소득세로 과세되는 것은 양도시점이 아니라 1월부터 12월까지 발생한 소득에 대해 과세되는 것입니다.

종합소득세는 이자, 배당, 근로, 사업소득 등을 모두 합산하여 종합소득세 계산방식으로 과세되는 소득이며, 이와 달리 종합소득으로 합산을 하지 않고 별도로 계산을 하여 과세하는 항목(분류과세)이 있는데 양도소득세와 퇴직소득세가 이에 해당합니다. 퇴직소득은 장기간에 발생하고 양도소득도 장기보유시 다년간에 걸쳐서 발생한 양도차익에 대해 과세를 하는 것이기 때문에 종합소득에 합산하는 방식이 아닌 별도의 세금 계산 방식으로 되어 있는 것입니다.

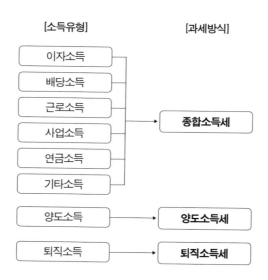

따라서 부동산매매업에서 발생한 소득은 1년간 발생한 근로소득 등과 합산을 하여 종합소득세로 과세되지만 양도소득에서 발생한 소득은 근로소득 등과는 합산을 하지 않는다는 점에서 큰 차이가 있습니다.

예를 들어, 부동산매매로 1천만원의 이익이 발생하여 양도소득세로 과세되는 경우 그 해에 근로소득이 얼마인지와는 무관하게 양도소득세가 결정되나 부동산매매업은 종합소득에 합산되므로 근로소득이 얼마인지에 따라 6%가 적용될 수도 있고 45%의 세율이 적용될 수 있다는 것입니다.

종합소득세와 양도소득세의 세금계산 구조에 대해서는 다음 장에서 자세히 기술되어 있으니 참고하시길 바랍니다.

부동산매매업
관련 세금

취득세

□ 취득세 계산구조

부동산을 취득하는 경우 취득세를 신고납부해야 하는데, 부동산의 유형과 취득원인별로 취득세율이 상이합니다.

매매로 취득한 경우를 보면, 주택을 제외한 부동산을 매매로 취득하는 경우에는 4%의 세율이 적용됩니다. 주택은 국민 주거안정을 위해 1%~3%의 비교적 낮은 세율을 적용하지만 보유 주택수에 따라 다주택자 중과세율인 8%나 12%가 될 수 있습니다.

매매가 아닌 상속과 원시취득은 2.8%, 증여의 경우 3.5%의 취득세율을 별도로 정하고 있습니다. 단, 상속과 원시취득인 경우에는 중과되지 않습니다.

주택 취득세의 계산식은 매우 단순하게 '과세표준 × 세율'로 계산됩니다.

[주택의 취득세 계산구조]

주택 취득 유형 구분		과세표준	표준세율	중과세율
유상 승계취득	매매	실거래가	1~3%	8%, 12%
무상 승계취득	상속	시가표준액	2.8%	-
	증여	시가표준액	3.5%	12%
원시취득	신축	취득가액	2.8%	-

경매로 취득한 경우에도 유상 승계취득에 해당하고 낙찰가격에 세율을 적용하여 취득세를 납부하게 됩니다.

□ 주택 취득 표준세율

다주택자 중과대상이 아닌 경우, 주택은 1~3%의 표준세율을 적용하게 됩니다.

취득가액	세율
6억원 이하	1%
6억원~9억원	1.01%~1.99%
9억원 초과	3%

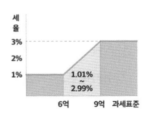

6억원 이하는 1%의 세율을 적용하고 9억원을 초과하는 경우에는 3%의 세율이 적용하되 6억원~9억원의 구간은 금액이 올라감에 따라 비례하여 세율이 올라가는 아래와 같은 수식을 적용하여 세율을 산출하게 됩니다.

$$\left(\begin{array}{c} \text{해당 주택의} \\ \text{취득당시가액} \end{array} \times \dfrac{2}{3억원} - 3 \right) \times \dfrac{1}{100}$$

□ 다주택자 중과세율

다주택자에 대한 취득세 중과세율 도입은 20.7.10. 대책으로 도입되었고 20.8.12.부터 시행되었습니다.

[매매 취득세율]

구분	1주택	2주택	3주택	4주택 이상
조정지역	1~3%	8%[1]	12%	12%
비조정지역	1~3%	1~3%	8%	12%

1) 일시적 2주택의 경우 1~3%를 적용

주택 취득세율표는 위와 같이 적용됩니다.

① 취득할 주택이 조정지역인지 비조정지역인지와
② 취득하는 주택을 포함한 주택수가 얼마인지 계산하여

8%와 12%의 중과세율을 적용하겠다는 것입니다.

즉, 1세대 1주택자가 1주택을 추가로 취득하는 경우에는 그 주택이 비조정지역이면 중과 대상이 아니고 그 주택이 조정지역에 있으면 8% 중과세를 한다는 것입니다. 다만, 일시적 2주택 요건을 충족하면 중과세율을 적용하지 않게 됩니다.

그리고 1세대 2주택자가 1주택을 추가로 취득하는 경우에는 그 주택이 조정지역이면 12%, 비조정이면 8%로 중과하게 됩니다. 참고로 법인의 경우에는 별도로 취득세 중과제외 대상 주택이 아니라면 주택수와 무관하게 12%의 세율이 적용됩니다.

법에서는 투기라고 볼 수 없거나 공공성이 인정되는 주택에 대해서는 1세대의 주택수와 무관하게 중과세율을 적용하지 않으며 대표적으로 시가표준액 1억원 이하 주택(재개발, 재건축 구역 제외)과 법에서 정한 농어촌주택 등이 있습니다.

주택수를 계산할 때 중요한 것은 본인 보유주택이 아닌 1세대가 보유한 주택수를 기준으로 계산한다는 것입니다. 따라서, 취득세에서 정한 1세대가 무엇인지부터 정확히 파악해야 합니다.

□ 1세대 의미

취득세의 1세대는 주택 취득 시점에 '주택을 취득하는 사람과 세대별 주민등록표에 함께 기재되어 있는 가족(동거인은 제외한다)으로 구성된 세대'를 의미합니다.

가족의 범위는 아래의 도표를 참고하시기 바랍니다.

배우자와 미혼인 30세 미만의 자녀는 같은 주민등록표에 전입되어 있지 않더라도 1세대로 보게 됩니다. 단, 30세 미만 자녀라도 일정 수준 이상의 소득이 있고 부모 집에서 나와서 거주하게 되어 주민등록 주소지가 다른 경우에는 그 자녀는 별도 세대로 보게 됩니다.

여기서 소득은 취득일이 속하는 달의 직전 12개월 동안 자녀의 소득이 중위소득의 40% 이상이어야 합니다. 만약 주택 취득일에 일시적으로 이직 준비 중이거나 기존 사업을 폐업하고 다른 사업을 준비 중인 상태라면, 직전 24개월을 기준으로 소득 요건 충족여부를 따지게 됩니다.

그리고 주택 취득일에 별도세대 요건이 충족되는 자녀가 만 65세 이상인 부모 또는 조부모와 합가된 경우에는 각각 별도 세대로 봅니다. 이를 동거봉양 합가라고 합니다.

만 65세 이상의 요건은 부모나 조부모 중에 1명만 충족하시면 됩니다. 그리고 당초에 분가 상태였다가 합가된 경우가 아니라 태어나서 계속 같이 산 경우에도 나이만 충족되면 동거봉양 합가로 봅니다. 중요한 것은 나이 만 65세의 충족 여부는 주택의 취득일 기준이라는 것입니다.

□ **주택수 계산 방식**

중과세율 판단 시 주택수 계산에 포함되는 것은 기 보유 주택뿐만 아니라 취득하는 주택을 포함하여 계산합니다. 1주택 보유자가 조정지역내에 1주택을 추가로 취득할 경우 주택수는 2주택으로 8% 중과세율 적용입니다. (일시적 2주택은 제외)

[취득세 중과세율 판단시 주택수 포함 여부]

항목	포함 여부
주택	주택법상의 주택
조합원입주권	20.8.12. 이후 취득분
주택분양권	20.8.12. 이후 취득분
주거용 오피스텔	20.8.12. 이후 취득분
주택 공유지분	1주택으로 계산
주택 부속토지	1주택으로 계산
공동상속주택	최대 지분보유자 주택으로 봄

조합원입주권과 주택분양권은 그 자체는 주택이 아니지만, 주택수의 계산시에는 포함이 되고 주거용 오피스텔도 그 자체를 취득할 때는 중과 대상이 아니고 4%의 세율이 적용되지만 주택수에는 포함이 됨에 주의해야 합니다.

다만, 20.8.12. 이후에 취득한 입주권, 분양권, 주거용 오피스텔은 주택수에 포함되고 그 이전에 취득한 것은 주택수 계산에서는 제외됩니다.

중과세율의 주택수 계산시, 별도로 제외되는 경우가 있으며 다음과 같습니다.

[취득세 중과세율 주택수 제외 항목]

No.	항목
1	시가표준액 1억원 이하 주택(재개발, 재건축 구역 제외)
2	농어촌주택
3	국가등록문화재 주택
4	사원에 대한 임대용 주택
5	가정어린이집
6	노인복지주택
7	공공매입 임대주택
8	공공기관의 멸실 목적 취득 주택
9	주택시공자가 공사대금으로 받은 미분양주택
10	주택 건설업자가 신축한 주택
11	상속으로 취득한 주택, 입주권, 분양권, 오피스텔 (상속개시일로부터 5년 이내)
12	시가표준액 1억원 이하 주거용 오피스텔
13	시가표준액 1억원 이하 주택부속토지
14	혼인 전 소유 분양권으로 취득 주택
15	준공 후 미분양 지방아파트(24.1.10.~25.12.31. 취득)
16	소형 신축 주택 및 오피스텔(24.1.10.~25.12.31. 취득)
17	등록임대 소형 기축 주택 및 오피스텔(24.1.10.~25.12.31. 취득)

□ 일시적 2주택

1주택자가 추가로 1주택을 취득하는 경우, 신규 주택이 비조정지역이라면 중과대상이 아니나 조정지역인 경우는 취득세가 8%로 중과됨이 원칙입니다. 그러나, 다음과 같은 일정한 조건을 만족하면 1~3%의 세율을 적용하도록 하고 있습니다.

① 1세대가 종전주택 등을 보유한 상태에서 조정지역에 신규주택을 취
　　득 후,
② 일시적 2주택 처분기한 이내에 종전주택 등을 처분하면 됩니다

　여기서, 「종전주택 등」은 주택뿐만 아니라 입주권, 분양권, 주거용 오피
스텔도 포함됨에 주의해야 합니다.

　현재 일시적 2주택의 처분기한은 3년입니다.

　주택이 아닌 입주권 또는 분양권을 보유하다, 신규주택을 취득한 경우
에는 해당 입주권 또는 분양권에 의한 주택을 취득한 날부터 일시적 2주
택 기간을 적용합니다.

　일시적 2주택은 종전주택 등을 먼저 처분하는 것이 원칙입니다만, 종
전주택 등이 주택이 아닌 분양권이나 입주권인 경우이거나 신규주택이
분양권으로 취득하는 주택인 경우에는 신규 주택을 처분 기한내에 먼저
처분해도 적용이 가능합니다.

[분양권, 입주권 - 취득세 일시적 2주택]

종전주택 등	신규주택	일시적 2주택 적용
주택	주택	종전 주택을 먼저 처분
분양권, 입주권	주택	㉠ 분양권, 입주권을 먼저 처분 or ㉡ 신규주택을 먼저 처분
주택	분양권으로 취득한 주택	㉠ 종전주택을 먼저 처분 or ㉡ 완공된 신규주택을 먼저 처분

　결국, 이러한 경우에는 종전주택이나 신규주택 중에 선택해서 처분기
한 내에 먼저 처분하면 된다는 것으로 선택권을 주겠다는 것입니다.

□ 부동산매매사업자의 취득세

부동산매매업을 목적으로 취득한 재고자산인 부동산도 동일한 취득세가 적용되고 중과세율 적용시에도 예외가 없으며 주택수에도 포함이 됩니다.

즉, 이미 1주택자라면 부동산매매업 목적의 주택을 조정대상지역에 추가 취득시 중과세율이 적용되고 이미 2주택자라면 추가로 주택 취득시 조정대상지역은 12% 비조정대상지역은 8%의 세율이 적용된다는 것입니다.

현재 다주택자에 대한 양도소득세 중과세율은 한시적 유예가 되고 있고 종합부동산세도 다주택자에 대한 불이익이 매우 완화된 상태이나 취득세는 여전히 다주택자에 대한 중과세율 적용이 되고 있어 부동산매매사업자들의 추가적인 주택 매입의 걸림돌이 되고 있습니다.

1주택자인 부동산매매사업자라면 매매사업용 부동산의 매입시 주택은 비조정지역으로 매입을 하면 될 것이고 현재는 조정지역이 대부분 해제된 상태라 과거에 비해 매입할 물건의 폭은 넓습니다.

그러나 이미 1세대 2주택을 보유한 상태에서 추가로 부동산매매업 부동산을 취득하고자 한다면 주택은 중과세율이 적용되는데 이를 피하는 방법으로는

① 시가표준액 1억원 이하의 주택을 매입
② 4%의 세율이 적용되는 오피스텔이나 상가를 매입

하는 것이 방법일 수 있습니다.

기존에 1주택을 보유한 상태에서 1주택을 매매사업용으로 취득한 경

우에 해당 물건이 단기간 내에 매도가 되지 않는 경우가 있습니다. 부동산매매업은 매매 횟수를 채우기 위해 부동산 거래가 필요한 경우가 있는데 이런 경우에는 위의 2가지 유형을 거래하는 것이 취득세 부담을 덜 수 있어 유리합니다.

그리고 납부한 취득세는 양도소득세 계산시에 취득부대비용으로 부동산의 취득원가에 포함되어 양도차익 계산시 차감이 되는 것과 마찬가지로 부동산매매업의 경우에도 재고자산인 부동산의 취득원가에 포함되어 처분시에 매출원가로 비용처리가 됩니다.

재산세와 종합부동산세

부동산의 보유기간 중에 발생하는 세금은 재산세와 종합부동산세로 나누어집니다. 재산세와 종합부동산세는 동일하게 6월 1일에 과세대상을 소유한 경우에 부과되는 것은 동일하지만, 그 대상과 계산방식이 다릅니다.

부동산에 대한 재산세와 종합부동산세를 비교해 보면, 재산세는 예외 없이 과세되나, 종합부동산세는 건축물 중에 주택만 대상이고 상가, 공장, 업무용빌딩 등 일반건축물은 과세대상 자체가 아닙니다.

그리고, 토지 중에도 따로 저율이나 고율로 재산세를 매기는 농지, 임야, 골프장, 고급오락장 등의 분리과세 대상 토지도 종합부동산세 대상이 아닙니다.

[과세 대상 - 재산세 vs 종합부동산세]

구분		재산세	종합부동산세
건축물	주택	○	○ (별장은 제외)
	일반건축물	○	×
토지	종합합산	○	○
	별도합산	○	○
	분리과세	○	×

정리하면, 종합부동산세의 과세대상은 주택과 토지(종합합산, 별도합산)이고 재산세는 모든 부동산이 과세 대상이고 그 외에 선박과 항공기에 대해서도 과세를 합니다.

□ 재산세 과세

재산세의 계산구조는 비교적 단순합니다.

'시가표준액 × 공정시장가액비율 × 세율'의 구조입니다.

[재산세 계산구조]

구분		시가표준액	공정시장 가액비율	세율
건축물	주택	개별(공동)주택가격	60%	0.1~0.4%
	일반건축물	법정 산정금액	70%	0.25~4%
토지	종합합산	개별공시지가	70%	0.2~0.5%
	별도합산			0.2~0.4%
	분리과세			0.07%, 0.2%, 4%

시가표준액은 주택의 경우, 단독주택은 개별주택공시가격을 적용하고 아파트 등의 공동주택은 공동주택공시가격을 적용합니다. 그리고 토지는 개별공시지가를 적용하게 됩니다.

다만, 일반건축물의 경우 신축가액, 구조, 용도, 위치, 경과연수, 잔가율 등을 고려하여 아래와 같이 산정하게 됩니다.

「기준가격 × 구조별 · 용도별 · 위치별 지수 × 잔존가치율 × 가감산율」

공정시장가액비율은 시가표준액 전체 금액이 아닌 일정비율을 곱하여 조정을 해 준다는 의미로, 주택의 경우 일반건축물이나 토지에 비해 낮은 60%를 적용해 주고 있습니다. 용어는 같지만, 종합부동산세의 공정시장 가액비율과는 다른 것입니다.

주택분의 세율은 과세표준(시가표준액 × 60%)의 금액에 따라서 세율이 올라가는 누진세율 구조입니다. 1세대 1주택자가 보유한 공시가격 9억원 이하인 주택의 경우에는 보다 낮은 특례세율을 적용하게 되는데 2026년까지 한시적으로 적용하고 있습니다.

[주택 재산세 산출세액]

과세표준 (공시가격 × 60%)	표준 세율	1세대 1주택 (공시가격 9억원 이하)
6천만원 이하	0.1%	0.05%
6천만원~1.5억원	6만원 + 6천만원 초과분의 0.15%	3만원 + 6천만원 초과분의 0.1%
1.5억원~3억원	19.5만원 + 1.5억원 초과분의 0.25%	12만원 + 1.5억원 초과분의 0.2%
3억원~5.4억원	57만원 + 3억원 초과분의 0.4%	42만원 + 3억원 초과분의 0.35%
5.4억원 초과		해당 없음

토지는 종합합산, 별도합산, 분리과세의 3가지 유형으로 구분하여 각각 다른 세율을 적용합니다. 그리고, 인별 보유한 종합합산과 별도합산 유형의 토지는 해당 유형별로 합산하여 과세를 하게 됩니다.

1) 종합합산

별도합산, 분리과세 대상이 아니면 모두 여기에 해당합니다.

2) 별도합산

공장용 건축물의 부속토지, 차고용 토지 등 업무나 경제활동에 사용되는 토지는 별도합산대상입니다.

3) 분리과세

특별히 낮은 세율로 과세하거나 높은 세율을 부과하기 위한 토지입니다.
- 저율(0.07%): 농지(전,답,과수원), 목장용지, 임야
- 일반(0.2%): 공장 토지로, 읍·면지역이나 산업단지·공업단지에 소재
- 고율(4%): 회원제 골프장, 고급오락장용 토지

□ 종합부동산세 과세

종합부동산세는 2005년 노무현 정부시절에 도입된 제도입니다. 재산세와는 과세대상이 다른데 주택과 토지에 대해서만 과세를 합니다. 따라서, 일반 상가나 빌딩 등은 그 대상이 아닙니다.

여기서는 주택에 대한 계산구조 위주로 살펴보겠습니다.

[종합부동산세 계산구조]

산식	항목	비고
	인별 주택 공시가격의 합산	
(-)	9억원	1세대 1주택자만 12억원 적용
×	공정시장가액 비율	60%
=	과세표준	
×	세율(7단계 초과누진세율)	2주택 이하: 0.5%~2.7% 3주택 이상: 0.5%~5.0%
=	종합부동산 세액	
(-)	재산세 상당액	
=	산출세액	
(-)	세액공제(연령, 보유기간)	1세대 1주택자만 적용(최대 80%)
(-)	세부담 상한 초과액	일반: 150%, 법인:제한 없음
=	납부할 세액	

1) 인별 주택 공시가격의 합산

종합부동산세는 인별 과세 방식입니다. 이는 주택수를 계산할 때 양도소득세와 취득세가 세대를 기준으로 적용하는 것과 차이가 있습니다. 따라서, 종합부동산세 계산의 첫 단계는 개인별로 보유한 주택의 공시가격을 합산합니다.

2) 9억원 공제 (1세대 1주택자는 12억원)

합산한 주택공시가격에서 9억원을 공제해 줍니다. 이때, 1세대 1주택자인 경우에는 12억원을 공제해 주는데 종합부동산세의 1세대 1주택자는 '1세대의 세대원 중에 1명만 1주택을 보유한 경우'라 양도소득세 등의 1세대 1주택과는 개념이 다릅니다.

3) 공정시장가액비율

9억원 또는 12억원을 공제한 금액에 공정시장가액 비율이라는 것을 곱하게 되는데, 비율이 높아질수록 세금 부담은 올라가게 됩니다. 대통령 시행령으로 매년 정하게 되고 문재인 정부 시절에는 95%까지 상승하였으나 현재는 60%입니다.

[공정시장가액비율 변경 추이]

연도	2018년	2019년	2020년	2021년	2022년 ~
비율	80%	85%	90%	95%	60%

4) 종합부동산 세율

9억원을 차감하고 공정시장가액비율을 곱한 금액인 과세표준에 대해 세율을 적용하게 되는데 금액이 올라갈수록 세율도 올라가는 누진세율 구조로 되어 있습니다.

그리고 인별 보유주택수가 3주택 이상이고 과세표준이 12억원 초과되는 경우에는 중과세율이 적용됩니다.

[종합부동산세 세율]

과세표준	2주택 이하		3주택 이상		비고
	세율	누진공제액	세율	누진공제액	
3억 이하	0.5%	-	0.5%	-	법인은 2주택 이하 2.7% 3주택 이상 5.0% 단일세율 적용
3억~6억	0.7%	60만원	0.7%	60만원	
6억~12억	1.0%	240만원	1.0%	240만원	
12억~25억	1.3%	600만원	2.0%	1,440만원	
25억~50억	1.5%	1,100만원	3.0%	3,940만원	
50억~94억	2.0%	3,600만원	4.0%	8,940만원	
94억 초과	2.7%	10,180만원	5.0%	18,340만원	

5) 세액공제

세액공제는 1세대 1주택자에게만 적용됩니다. 보유자의 연령이 60세 이상이거나 보유기간이 5년 이상인 경우에 산출세액의 일정비율을 공제해 줍니다.

연령 공제 40%와 보유기간 공제 50%까지 적용되나, 세액공제가 모두 적용되는 경우에는 합산한 세액공제율을 최대 80% 한도로 적용하게 됩니다.

[연령, 보유기간 세액공제율]

연령 공제			보유기간 공제			비고
60세 이상	65세 이상	70세 이상	5년 이상	10년 이상	15년 이상	연령+보유기간 공제 합산 한도 80%
20%	30%	40%	20%	40%	50%	

□ 주택수 계산 방식

종합부동산세의 과세대상인 주택은 재산세 중에 주택분으로 과세되는 항목입니다. 재산세에서 주택은 '세대의 구성원이 장기간 독립된 주거생활을 할 수 있는 구조로 된 건축물의 전부 또는 일부 및 그 부속토지'로 정의되어 있습니다.

만약, 건축물 대장 등 공부상에 등재된 현황과 사실상의 현황이 다른 경우에는 사실상의 사용 현황에 따라 재산세를 부과하고 종합부동산세도 이와 동일합니다.

종합부동산세의 주택수 계산과 관련 주의해야 할 부분을 살펴보겠습니다.

1) 공동명의

공동으로 소유한 주택은 각 지분의 소유권자 각자가 1주택씩을 보유한 것으로 봅니다. 부부가 1주택을 공동으로 보유한 경우에도 각자 1주택을 보유한 것으로 보지만, 1세대 1주택자로 신청을 하면 1주택으로 보는 특례가 있습니다.

2) 주거용 오피스텔

오피스텔은 재산세에서 주택이 아닌 업무시설로 부과되지만, 실제 사용 현황이 주택이라면 '재산세 과세대상 변동신고서'를 통해 주택분 재산세를 부과받을 수도 있습니다.

종합부동산세는 주택분 재산세가 부과되면 주택으로 보기 때문에, 주거용 오피스텔이 주택분 재산세가 부과되고 있으면 주택수에 포함이 됩니다.

3) 주택 부속토지

주택 부속토지는 재산세에서 주택분으로 부과되고 주택에 포함이 됩니다. 예외적으로, 본인이 1주택을 보유하고 다른 주택의 부속토지만 보유한 경우는 1주택으로 보아 1세대 1주택자를 적용해 줍니다.

부속토지만을 매매하는 경우는 재개발 투자 외에는 드물지만, 증여나 상속을 받을 때 자녀 2명 중에 1명에게 건물을 1명에게 토지를 주는 경우가 종종 있는데, 이런 경우에 부속토지만 소유하게 되어도 1주택자가 되니 유의해야 합니다.

4) 상속주택

상속개시일부터 5년이 경과하지 않은 주택이거나 5년이 경과한 주택 중 지분율이 100분의 40% 이하 또는 지분율에 상당하는 공시가격이 6억원(수도권 밖 3억원) 이하인 주택은 주택수 계산시 제외됩니다.

□ 종합부동산세 합산배제 주택

종합부동산세 합산배제란 과세대상에서 제외한다는 의미로 비과세에 해당하는 것입니다. 일정한 임대주택과 사원용주택 등이 이에 해당합니다.

이러한 합산배제 대상인 임대주택과 사원용주택 등은 1세대 1주택자 판단시와 세율 적용시에도 주택수에서 제외합니다.

단, 1세대 1주택자의 적용시에는 합산배제 임대주택 외 보유한 1주택에 6월 1일 현재 거주하고 있는 경우에만 주택수 제외를 적용합니다.

[합산배제 임대주택]

No	유형	전용면적	주택가격(공시가격)	주택수	임대 기간
1	매입임대주택	제한 없음	6억원 이하 (비수도권 3억원 이하)	전국 1호 이상	10년 이상 (5년 이상[1])
2	건설임대주택	149㎡ 이하	6억원 이하	전국 2호 이상	10년 이상 (5년 이상[1])
3	기존임대주택	국민주택 규모 이하	3억원 이하	전국 2호 이상	5년 이상
4	미임대 민간건설 임대주택	149㎡ 이하	9억원 이하	-	-
5	리츠·펀드 매입임대주택	149㎡ 이하	6억원 이하	비수도권 5호 이상	10년 이상
6	미분양 매입임대주택	149㎡ 이하	3억원 이하	비수도권 5호 이상	5년 이상

1) 2018.3.31. 이전에 임대사업자등록과 사업자등록을 한 주택

[합산배제 사원용주택 등]

No	유형	No	유형
1	사원용주택	10	송·변전설비 매수청구취득주택
2	기숙사	11	세일즈앤드리스백 리츠 등이 매입하는 주택
3	주택건설업자의 미분양주택	12	토지임대부 분양주택 부속토지
4	어린이집용 주택	13	주택건설사업자 등의 멸실예정 주택
5	시공사가 대물변제받은 미분양주택	14	공공임대주택 부속토지
6	연구기관의 연구원용주택	15	공공사업자의 장기민간임대주택 부속토지
7	등록문화재주택	16	전통사찰보존지 내 주택 부속토지
8	노인복지주택	17	지분적립형 분양주택
9	향교소유 주택 부속토지	18	CR리츠취득지방미분양주택

□ 부동산매매사업자의 재산세와 종합부동산세

부동산매매업을 목적으로 취득하여 보유하는 부동산은 재판매를 목적으로 보유하고 있는 부동산이므로 부동산매매사업자의 재고자산에 해당합니다.

그러나 재산세와 종합부동산세에서는 부동산매매업의 재고자산이라고 하여 달리 취급하지 않습니다. 매년 6월 1일 기준으로 보유한 부동산은 모두 재산세 과세 대상이 됩니다. 종합부동산세에서도 별도로 부동산매매업의 재고자산인 부동산에 대한 합산배제나 주택수 제외 규정이 없기 때문에 다른 주택 등과 동일하게 매년 6월 1일 기준으로 인별로 보유한 다른 주택을 모두 합산한 공시가격이 9억원을 초과하면 납부대상이 됩니다.

양도소득세는 부동산을 보유하는 과정에서 발생하는 재산세와 종합부동산세를 양도차익 계산시 필요경비로 차감하지 않습니다. 그러나 부동산매매사업자의 경우에는 매매목적으로 보유한 재고자산인 부동산에 대한 재산세와 종합부동산세는 사업관련 세금과 공과금에 해당하는 것으로 보아 사업소득에서 필요경비로 차감이 됩니다.

[필요경비 인정여부]

구분	양도소득세	부동산매매업
재산세, 종합부동산세	불인정	인정

재산세와 종합부동산세를 절감하는 가장 좋은 방법은 매매사업용 부동산의 취득일자나 양도일자를 조정하여 6월 1일자로 과세대상인 부동

산을 보유하지 않으면 됩니다.

그리고 재산세는 다주택자라고 하여 추가적인 패널티가 없으나 종합부동산세는 3주택 이상이고 과세표준이 12억이 초과되면 중과세율도 적용될 수 있는데 이미 본인 보유 주택이 많아 중과세율 적용대상인 경우에는 종합부동산세 과세 대상이 아닌 오피스텔이나 비주거용 건축물 등을 매매하는 것도 방법일 수 있습니다.

③

양도소득세

부동산매매사업자의 재고자산인 부동산 매매는 양도소득세를 적용받지 않고 사업소득으로 종합소득세로 신고납부를 하게 됩니다. 하지만 부동산매매사업자가 부동산을 매도하는 경우에 토지등 매매차익 예정신고 및 납부를 하게 되는데 이때 세액 계산시 양도소득세의 양도차익 계산방식을 적용하도록 하고 있습니다.

그리고 부동산매매사업자의 부동산 거래 중에 종합소득세의 비교산출세액 계산을 적용받는 항목에 대해서는 최소한 양도소득세율의 세율을 적용하므로 양도소득세의 계산 구조 등에 대해서도 필히 숙지하고 있어야 합니다.

□ 양도소득세 계산구조

양도소득세의 계산구조는 아래와 같으며 각 항목별로 살펴보겠습니다.

산식	항목	비고
	양도가액	실제거래가액
(-)	취득가액	실제거래가액 (미확인시 사례가액 → 감정가액 → 환산가액) 취득세, 기타부대비용
(-)	필요경비	자본적 지출, 양도비용 등
=	양도차익	
(-)	장기보유특별공제	보유기간 3년 이상(최대 30%, 1세대 1주택은 80%)
=	양도소득금액	
(-)	양도소득기본공제	연간 250만원
=	과세표준	
(×)	세율	기본세율(6%~45%) 또는 중과세율
=	산출세액	
(-)	세액공제 · 감면	전자신고세액공제, 외국납부세액공제, 조특법 감면 등
(+)	가산세	신고, 납부 등에 대한 가산세
=	납부세액	

1) 양도차익의 계산

우선, 양도차익을 계산해야 합니다. 각 항목별로 살펴보겠습니다.

(1) 양도가액

실제로 양도한 가액입니다.

(2) 취득가액

매입가액에 취득세와 기타부대비용을 더한 것입니다.

① 매입가액: 실제로 매입한 금액입니다.

② 취득세: 매입에 발생한 취득세로, 2011년 취득세와 등록세의 통합

전에 발생한 등록세도 포함됩니다. 취등록세의 경우에는 납부영수증이 없어도 기타 증빙으로 납부 금액이 확인되면 인정됩니다.

③ 기타 부대비용: 매입 과정에서 발생한 부대비용으로 일반적으로 부동산 중개수수료와 등기를 위한 법무사 수수료 등입니다. 단, 취득과 직접 관련이 없는 말소비용 및 설정비용 등은 필요경비에 해당하지 않습니다.

(3) 필요경비

① 자본적 지출

용어가 어려울 수 있으나, 주택을 보유하면서 발생한 비용 중에 용도변경, 냉난방장치 설치, 개량, 확장, 증설 등 이와 유사한 지출로 가치를 증가시키거나 내용연수를 연장하는 지출이 자본적 지출에 해당합니다.

이와 반대로, 원상회복이나 현상유지를 위한 지출은 수익적 지출이라고 부르고 필요경비에 포함되지 않습니다. 구체적인 예시는 아래와 같습니다.

[자본적 지출 vs 수익적 지출]

구분	자본적 지출	수익적 지출
예시	1) 베란다 샷시 2) 홈오토 설치비 3) 건물 난방교체 4) 방, 거실 확장 5) 내부시설개량공사비 6) 보일러 교체	1) 벽지, 장판 2) 싱크대, 주방기구 3) 외벽 도색 4) 문짝/조명교체 5) 보일러 수리 6) 옥상 방수공사 7) 하수도관교체 8) 오수정화조교체 9) 타일변기공사 10) 파손유리/기와교체

② 양도비용 등

주택을 양도하는 과정에서 발생한 비용으로 부동산 중개수수료, 양도소득세 신고대행 수수료 등이 이에 해당합니다.

2) 장기보유특별공제

보유기간이 3년 이상인 경우에는 양도차익의 일정비율을 공제해 주는데 이를 장기보유특별공제라고 합니다.

공제율은 일반적인 경우에는 보유기간에 따라 최대 30%를 적용하나, 1세대 1주택이고 보유기간 중 거주기간이 2년 이상인 경우에는 최대 80%를 적용하게 됩니다. 다만, 최대 80%의 계산은 보유기간과 거주기간에 따른 공제율을 각각 최대 한도 40% 이내의 비율을 계산하여 합산하는 방식을 적용하고 있습니다.

[일반적인 경우]

보유기간	3년	4년	5년	6년	7년	8년	9년	10년	11년	12년	13년	14년	15년
공제율	6%	8%	10%	12%	14%	16%	18%	20%	22%	24%	26%	28%	30%

[1세대 1주택인 경우]

구분		보유기간							
		3년	4년	5년	6년	7년	8년	9년	10년
거주기간	2년	20%	24%	28%	32%	36%	40%	44%	48%
	3년	24%	28%	32%	36%	40%	44%	48%	52%
	4년		32%	36%	40%	44%	48%	52%	56%
	5년			40%	44%	48%	52%	56%	60%
	6년				48%	52%	56%	60%	64%
	7년					56%	60%	64%	68%
	8년						64%	68%	72%
	9년							72%	76%
	10년								80%

3) 양도소득기본공제

장기보유특별공제를 차감하여 양도소득금액이 계산되면, 여기에 연간 1회 250만원의 양도소득기본공제를 차감해 줍니다. 1년에 2건 이상의 주택을 양도한 경우에는 양도소득세 감면이 적용되는 경우가 아니면 먼저 판 주택에 공제금액이 적용됩니다.

4) 세율

양도소득금액에 기본공제 250만원을 차감하면, 과세표준이 계산되고 여기에 세율을 적용하여 산출세액을 계산하게 됩니다.

주택과 조합원입주권 그리고 분양권의 세율은 보유기간이 2년 이내인 단기매매의 경우에는 60%, 70%의 높은 단일세율을 적용하고, 2년 이상인 경우 기본세율을 적용합니다. 그러나, 분양권은 2년 이상이라도 60%

세율이 적용됨에 유의해야 합니다. 그리고 양도소득세의 10%를 주민세로 부과함에 따라 실제 부담세율은 1.1을 곱한 세율이 됩니다.

[부동산 양도소득세율]

보유기간	주택, 조합원입주권	분양권
1년 미만	70%	70%
1년~2년	60%	60%
2년 이상	기본세율	60%

기본세율의 구조는 종합소득세에 적용되는 세율과 동일하며, 각 구간별로 세율을 적용한 금액을 더하고 세율은 점점 올라가는 누진세율 구조로 되어 있습니다. 따라서 산출된 과세표준에 세율을 곱하고 누진공제액을 차감하여 계산됩니다.

윤석열 정부 출범 이후 다주택자에 대한 중과세율 적용은 한시적으로 적용배제를 하고 있습니다.

[기본세율과 중과세율]

과세표준	기본세율	2주택 중과세율	3주택 이상 중과세율	누진공제액
1,200만원 이하	6%	26%	36%	-
1,200만원~ 4,600만원	15%	35%	45%	108만원
4,600만원~8,800만원	24%	44%	54%	576만원
8,800만원~1.5억원	35%	55%	65%	1,544만원
1.5억원~3억원	38%	58%	68%	1,994만원
3억원~5억원	40%	60%	70%	2,594만원
5억원~10억원	42%	62%	72%	3,594만원
10억원 초과	45%	65%	75%	6,594만원

□ 양도소득세의 1세대

보유 주택수를 계산할 때는 주택을 양도한 1인을 기준으로 하지 않고 그 사람이 속한 1세대를 기준으로 주택수를 산정합니다. 따라서, 1세대의 범위가 어디까지인지를 정확하게 알아야합니다.

1세대는 소득세법에서 '거주자 및 배우자가 그들과 같은 주소 또는 거소에서 생계를 같이하는 자와 함께 구성하는 가족단위를 의미하며, 거주자 및 배우자의 직계존비속(직계존비속의 배우자 포함) 및 형제자매'라고 정의하고 있습니다. 그리고 동일 세대에 속한 자가 취학, 질병의 요양, 근무상 또는 사업상의 형편으로 일시 퇴거한 경우도 동일세대로 포함됩니다.

이를 쉽게 정리해 보면,

㉠ 배우자
㉡ 같은 주소나 거소에서 생계를 같이하는
　- 본인과 배우자의 직계존비속(배우자 포함)
　- 본인과 배우자의 형제자매입니다.

[세대의 범위]

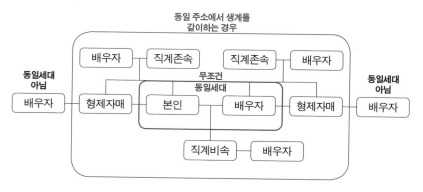

양도소득세 세대의 범위를 이해할 때, 중요하고 많이들 자주 헷갈리는 부분을 정리해 보겠습니다.

1) 배우자
배우자는 같은 주소에서 살지 않아도 무조건 동일 세대입니다.

2) 본인과 배우자의 직계존비속(배우자 포함), 형제자매
동일한 주소에서 생계를 같이 하는 경우에만 동일 세대이므로 동일 주소에 살지 않거나, 동일 주소에 살더라도 생계를 달리하면 별도 세대입니다.

3) 형제자매의 배우자는 제외
배우자의 형제자매는 생계를 같이하면 같은 세대로 포함되나, 형제자매의 배우자는 세대의 범위에 포함되지 않습니다. 이는 민법상 가족의 범위에도 포함되지 않습니다. 예를 들어, 처남은 동일 주소에서 생계를 같이하면 동일 세대지만 매형은 동일 주소에서 생계를 같이해도 별도 세대입니다.

[배우자의 형제자매 vs 형제자매의 배우자]

세대의 범위 포함 여부	구분	예시
포함	배우자의 형제자매	처형, 처제, 처남, 시누이, 시숙, 시동생
제외	형제자매의 배우자	형수, 제수, 매형, 매제, 형부, 제부, 올케

따라서, 본인과 배우자가 1주택을 보유하고 같이 사는 처남이 1주택 보

유하면 1세대 2주택이나 매형이 1주택을 보유하면 1세대 1주택입니다.

배우자는 세대 구성의 기본요소로 배우자가 없다면 별도의 1세대를 구성할 수가 없습니다. 다만, 다음의 경우는 배우자가 없어도 예외적으로 인정이 됩니다.

㉠ 만 30세 이상인 경우

㉡ 배우자가 사망하거나 이혼한 경우

㉢ 중위소득의 100분의 40 이상으로서 소유 주택 또는 토지를 관리·유지하면서 독립된 생계를 유지할 수 있는 경우(단, 미성년자는 제외)

30세 이상인 경우에는 배우자가 없더라도 독립세대로 본다는 의미입니다. 하지만, 30세 이상이라도 부모님과 같이 거주하며 생계를 같이한다면 동일 세대입니다.

30세가 되지 않아도 부모님 집에서 나와 독립하여 근로소득, 사업소득 등이 있을 수 있습니다. 이런 경우에는 중위소득 40% 이상의 소득 기준을 충족한다면 별도 세대로 인정이 된다는 것입니다.

□ 양도소득세의 주택

1세대 1주택 비과세를 위해서는 1세대가 보유한 주택수를 계산하는 것이 중요합니다. 양도소득세의 주택은 건축허가 여부나 공부상(건축물대장 등)의 용도 구분과 관계없이 사실상 주거용으로 사용하는 건물을 의미합니다.

용도가 불분명한 경우에는 공부상의 용도를 따르나 공부상의 용도와 사실상의 사용이 다른 경우에는 사실상 사용 현황을 따르게 되어 있습니다.

따라서, 주택이 아닌 업무용으로 건축물대장에 등재되어 있어도 실제로 상시 주거용으로 사용하고 있다면 이는 주택에 해당하며, 이와 반대로 공부상에는 주택으로 되어 있으나 실제로는 음식점이나 사무실로 사용하고 있다면 이는 주택이 아닙니다.

또한, 건축허가를 받지 않았거나 미등기인 경우라도 주택에 해당합니다.

[양도소득세 주택 구분 예시]

항목	양도소득세 주택 여부	비고
부동산매매업 재고 주택	△	1세대 1주택 비과세 판단시에만 주택수 제외 중과세율 판단시에는 주택수 포함
주거용 오피스텔	○	사실상 사용현황이 상시 주거용이면 주택이고, 업무용이면 주택이 아님
업무용 오피스텔	×	
무허가주택	○	건축허가를 받지 않았거나, 미등기도 주택
별장	×	상시 주거용이 아님(단, 아파트는 주택)
펜션	×	상시 주거용이 아님(단, 건물 일부에 상시 주거 시 겸용주택)

1) 부동산매매업 재고주택

주택을 주거 또는 임대를 목적으로 취득하는 경우에는 양도소득세 과세대상인 주택에 해당합니다. 그러나 부동산매매사업자가 단기간 내에 재판매를 할 목적으로 취득하는 부동산은 부동산매매업을 영위하기 위한 재고자산에 해당합니다.

그러나 부동산매매업의 재고주택도 주택수에는 포함이 되는 것이 원칙입니다. 다만 1세대 1주택 비과세 여부 판단시에는 부동산매매업 재고자산인 주택은 주택수에서 제외합니다.

따라서 다주택자 중과세율 판단시 주택수를 계산할 때는 부동산매매업자가 보유한 재고자산인 주택도 주택수에 포함하도록 하고 있습니다. 단, 현재는 다주택자 중과세율의 적용을 한시적으로 배제하고 있습니다.

2) 겸용주택

하나의 건물에 주거용으로 사용하는 부분과 점포, 사무실, 공장 등 주거 이외의 용도로 사용하는 부분이 혼재된 경우를 말하고, 각각 구분 등기가 되지 않은 경우를 말합니다.

일반적으로, 3층 건물에 1층과 2층은 상가로 임대를 주고 3층은 주택으로 사용하는 경우가 이에 해당합니다.

겸용주택은 주택과 주택 외의 면적에 따라 주택여부를 판단하게 됩니다.

㉠ 주택 연면적 〉 주택 외의 연면적

: 전체를 주택으로 봄 (단, 양도가액이 12억원을 초과하는 경우에는 주택 부분만 주택으로 봄)

㉡ 주택 연면적 ≤ 주택 외의 연면적

: 주택 부분만 주택으로 봄

[예시]

| 3층 - 주택 |
| 2층 - 상가 |
| 1층 - 상가 |

} 3층만 주택으로 봄

| 3층 - 주택 |
| 2층 - 주택 |
| 1층 - 상가 |

전체를 주택으로 봄 (12억원 초과 주택은 2, 3층만 주택)

3) 다세대 주택, 다가구주택

다세대주택과 다가구주택은 유사하게 보이지만, 건축법상 분류에 따르면 아래의 요건을 충족해야 합니다.

[다세대주택 vs 다가구주택]

구분	세부 내용
다세대주택	바닥면적의 합계가 660㎡ 이하이고, 층수가 4개 이하
다가구주택	다음의 요건을 모두 충족 ㉠ 층수가 3개 이하 ㉡ 층별 바닥면적의 합계가 660㎡ 이하 ㉢ 19세대 이하가 거주

다세대주택은 호실별 구분등기가 가능한 것이고, 다가구주택은 구분등기가 되지 않습니다. 주택수를 판단할 때, 다세대주택은 각 호실별 소유자가 있으니 호실당 1주택입니다.

다가구주택은 한 가구가 독립하여 거주할 수 있도록 구획된 부분을 1주택으로 봅니다. 다만, 예외가 있는데 구획된 부분을 분리 양도하지 않고 다가구주택 전체를 양도하는 경우에는 단독주택으로 보아 1주택으로 봅니다.

4) 조합원입주권과 분양권

조합원입주권과 분양권은 법적으로는 주택이 아닌 부동산을 취득할 수 있는 권리에 해당하고 주택이 아닙니다. 그러나, 조합원입주권의 경우 2006년부터 분양권은 2021년 이후 취득분부터 1세대 1주택 비과세 판정시와 다주택자 중과세율 판정시에 주택수에 포함하도록 하고 있습니다.

따라서, 1주택과 조합원입주권 또는 분양권을 보유한 상태에서 1주택을 양도하는 경우에는 비과세가 되지 않습니다. 다만, 1주택 1조합원입주권 비과세 특례와 1주택 1분양권 비과세 특례를 두어 조건을 충족하는 경우에는 해당 주택 양도시 비과세를 해 주게 됩니다.

□ 1세대 1주택 비과세

양도소득세에서 1세대 1주택 비과세는 주거생활안정 보장과 헌법상 주거 이전의 자유를 보장하기 위한 제도입니다.

1세대 1주택뿐인데 그 집을 처분하고 동일한 가격의 집으로 이사를 갈 때 세금을 내야 한다면, 이사가 불가능하므로 주거 이전의 자유가 침해될 수 있기 때문입니다.

1세대 1주택 비과세를 받기 위해서는 다음의 조건을 준수해야 합니다.

ㄱ 1세대가
ㄴ 양도일 현재 1주택을 보유
ㄷ 그 주택의 보유기간이 2년 이상
ㄹ 취득 당시 조정대상지역인 경우, 거주기간이 2년 이상

비과세는 해당 1주택뿐만 아니라 주택의 부수토지도 포함됩니다. 부수토지는 건물 정착면적의 아래 지역별 배율을 곱한 면적을 의미합니다.

[1세대 1주택 비과세 주택 부수토지]

지역		수도권(서울 · 경기 · 인천)	수도권 밖
도시지역 내	주거 · 상업 · 공업지역	3배	5배
	녹지지역	5배	
도시지역 밖		10배	

그리고 양도가액 12억원을 초과하는 경우에는 고가주택에 해당하여 전액 비과세가 되지 않고 양도차익 중 12억원을 초과하는 부분은 양도소득세를 내야 합니다.

1세대와 1주택의 개념에 대해서는 앞서 살펴보았으니, 비과세 요건의 보유기간과 거주기간에 대해서 추가적으로 살펴보겠습니다.

1) 보유기간 요건: 2년 이상 보유

보유기간은 주택을 매입한 날로부터 매도한 날까지의 일수를 계산하면 간단한 것 아닌지 생각할 수 있는데, 의외로 본인의 주택 보유기간을 제대로 알지 못해 잘못 계산하여 이로 인해 양도소득세 폭탄을 맞는 경우를 종종 보게 됩니다.

[주택의 취득일과 처분일]

구분	비고
매매	㉠ 잔금 청산일 ㉡ 소유권 이전등기 접수일 중에 빠른 날
상속	상속개시일(사망일)
증여	증여받은 날(증여 등기 접수일)
원시취득 (자가건설)	㉠ 사용승인서 교부일 ㉡ 사용승인서 교부 전에 사실상 사용, 임시사용승인을 받은 경우에는 사실상 사용일과 임시사용승인일 중 빠른 날

매매의 경우에는 잔금 지급일로 보면 되나, 등기를 먼저 하는 경우가 가끔 발생하는데 이런 경우에는 등기 접수일을 취득일과 처분일로 봅니다.

상속을 받은 경우에는 상속개시일인 사망일부터 보유기간이 계산되고, 증여를 받은 경우에는 증여일인 등기접수일로부터 시작됩니다. 만약, 시공업체를 선정해서 본인이 직접 짓는 경우에는 사용승인일이 됩니다.

2) 거주기간 요건: 2년 이상 거주

1세대 1주택에 대한 거주기간 요건은 가장 강력한 조치 중 하나입니다. 왜냐하면 1주택자라도 실제로 그 집에 거주하지 않으면, 비과세를 안 해주겠다는 것이니 실수요자가 아닌 갭투자 목적의 매입을 주저할 수밖에 없습니다. 거주요건은 2017.8.2. 대책으로 도입하였습니다.

(1) 거주요건 적용 대상

2년 거주기간 요건은 모든 주택이 대상이 아니고, 해당 주택의 '취득 당시 조정대상지역'인 경우에만 해당합니다.

㉠ 취득 당시

거주요건은 취득 당시를 기준으로 판단합니다. 따라서, 취득 당시에는 조정지역이었으나 추후 해제되어 양도할 때는 비조정지역이 된 경우에도 2년 거주요건은 적용됩니다.

㉡ 조정대상지역인 경우

취득 당시 조정대상지역만 대상이고, 비조정대상이라면 거주요건은 없습니다. 따라서, 취득시 비조정이었으나 양도할 때는 조정대상지역이 되더라도 거주요건은 없습니다.

(2) 거주요건 적용 예외

다음 중 하나에 해당하면, 거주요건의 적용이 되지 않습니다.

㉠ 2017.8.2. 이전에 취득한 주택

㉡ 2017.8.2. 이전에 매매계약을 체결한 무주택 세대

㉢ 조정대상지역 공고일 이전에 매매계약을 체결한 무주택 세대

□ **1세대 2주택 비과세 특례**

원칙적으로 비과세는 1세대 1주택인 경우에만 적용됩니다. 그러나 세법에 특례를 두어 1세대 2주택이지만 1세대 1주택 비과세의 입법 취지를 반하지 않으면 1주택으로 보아 비과세가 가능하도록 하고 있습니다.

즉, 1세대 2주택은 원칙적으로 1주택은 과세로 처분하고 남은 1주택만 비과세가 되나, 특례가 적용되는 경우는 2주택 상태라도 비과세를 적용해 준다는 것이나 양도하는 주택은 그 자체의 비과세 요건(2년 보유, 거주 등)은 충족을 해야 합니다.

1세대 2주택의 비과세 특례 항목은 아래와 같습니다.

[1세대 2주택 비과세]

No	항목	입법 취지
1	일시적 2주택	주거 이전의 자유를 보장
2	상속 2주택	상속으로 인한 부득이한 2주택
3	동거봉양합가 2주택	동거봉양 장려 및 주거안정 보호
4	혼인합가 2주택	혼인으로 인한 불이익 방지 및 주거안정
5	문화재주택 2주택	문화재주택 소유에 대한 불이익 방지
6	농어촌주택 취득 2주택	농어촌주택 소유로 인한 불이익 방지
7	부득이한 사유로 수도권 밖 주택의 취득 2주택	부득이한 사유로 인한 일시적 2주택
8	장기임대주택으로 인한 거주주택	장기임대주택 공급 지원
9	장기어린이집으로 인한 2주택	육아시설 공급 장려
10	조특법상 농어촌주택, 고향주택	농어촌주택, 고향주택 취득 장려
11	조특법상 미분양주택	특정 시기의 미분양 물량 해소

각 항목별로 요건을 간단히 살펴보면 아래와 같습니다.

1) 일시적 2주택

㉠ 종전주택의 취득일로부터 1년 이후 신규주택 취득

㉡ 신규주택 취득일로부터 종전주택을 3년 이내 처분

2) 상속 2주택

㉠ 상속개시일 현재 일반주택을 보유 중에 별도 세대인 피상속인으로부터 주택을 상속(2채 이상이면 소유기간, 거주기간, 피상속인 거주, 기준시가순으로 정해진 1주택)

㉡ 일반주택을 상속주택보다 먼저 양도하는 경우

3) 동거봉양합가 2주택

㉠ 1주택 보유한 1세대가 1주택을 보유한 만 60세 이상인 직계존속과 합가(중증질환이 있는 직계존속은 연령 요건을 적용하지 않음)

㉡ 합가일로부터 10년 이내에 양도하는 1주택

4) 혼인합가 2주택

㉠ 1주택을 보유하는 자가 1주택을 보유하는 자와 혼인

㉡ 합가일로부터 10년 이내에 양도하는 1주택

5) 문화재주택 2주택

㉠ 지정·등록 문화재주택과 일반주택을 보유한 경우

㉡ 일반주택의 양도

6) 농어촌주택 취득 2주택

㉠ 일반주택 보유자가 수도권 밖의 읍·면 지역의 농어촌주택(상속, 이농, 귀농)을 취득

㉡ 일반주택의 양도(귀농의 경우 5년 이내 양도)

7) 부득이한 사유로 수도권 밖 주택의 취득 2주택

㉠ 일반주택 보유자가 취학, 근무상의 형편, 질병의 요양, 그 밖에 부득이한 사유로 수도권 밖에 소재하는 주택을 취득

㉡ 부득이한 사유가 해소된 날부터 3년 이내에 일반주택을 양도

8) 장기임대주택으로 인한 거주주택

㉠ 지방자치단체 및 세무서에 등록된 장기임대주택으로 법에 정한 조건을 준수

㉡ 양도일 현재 임대주택 외 2년 이상 거주한 1주택만 보유(생애 최초 1회만 적용)

9) 장기어린이집으로 인한 2주택

㉠ 영유아보육법에 따라 인가를 받아 등록한 어린이집으로 법에 정한 조건을 준수

㉡ 양도일 현재 장기어린이집 외 2년 이상 거주한 1주택만 보유

10) 조특법상 농어촌주택 등

㉠ 일반주택 보유자가 농어촌주택과 고향주택(지역, 가액 요건에 해당하는)을 취득

㉡ 농어촌주택을 3년 이상 보유하고 일반주택을 양도

11) 조특법상 특정 미분양주택 특례 등

㉠ 미분양물량 해소를 위해, 특정 시기와 지역의 미분양주택을 취득한 경우

㉡ 1세대 1주택 비과세 여부 판단시, 주택으로 보지 않음

□ 부동산매매사업자의 양도소득세

부동산매매사업자의 재고자산인 주택은 비과세 판단시 주택수에서 제

외가 되므로 1세대 1주택 비과세 또는 1세대 2주택 비과세 특례가 적용되는 조건의 주택을 양도하는 경우에는 부동산매매사업용 재고자산을 보유해도 비과세를 받을 수 있다는 것입니다.

1) 부동산매매사업 재고자산 여부

문제는 1세대가 다수의 주택을 보유한 상태라면 어느 주택이 부동산매매사업용 재고자산에 해당하여 비과세 판단시에 제외가 되고, 어느 주택은 양도소득세 과세 대상인 주택인지에 대한 판단이 모호할 수 있다는 것입니다.

주택을 보유하는 목적은

① 거주목적
② 월세 등 임대수익 목적
③ 매매차익 목적(매매에 사업성이 없음)
④ 매매차익 목적(매매에 사업성이 있음)

으로 나누어 볼 수가 있는데 ①~③의 경우는 양도소득세로 과세가 되고 ④의 경우는 사업소득으로 보아 종합소득세로 과세가 됩니다.

부동산매매사업용 재고자산인 주택인지 여부를 판단하는 것은 세무당국이 사실관계에 따라 판단하기 때문에 일률적으로 말할 수는 없으나 다수의 해석과 판례 등을 참고해 보면 다음과 같은 요건을 충족해야 합니다.

(1) 부동산매매업 사업자등록

사업자라면 해야 할 사업자등록을 하고 있는지 사업자등록을 하였다면 언제 사업자등록을 하였는지 여부입니다.

(2) 복식부기 장부작성

매매목적인 부동산을 부동산매매업의 재고자산으로 회계처리하여 재무상태표에 재고자산으로 등재가 되었는지 여부입니다. 재무상태표의 산출을 위해서는 간편장부가 아닌 복식부기로 장부작성을 해야 합니다.

(3) 주택의 보유기간

부동산매매사업자는 장기 보유가 목적이 아닙니다. 장기적인 부동산 경기에 따른 상승차익의 목적이 아닌 부동산을 물리적 개량인 수선 등을 하고 기존에 복잡하게 얽힌 권리관계를 정리하여 일반적으로 선호하는 매물로 만들어서 단기간 내에 매도를 하는 것이 목적이므로 일반적으로 단기 보유를 하게 됩니다.

(4) 임대여부

부동산매매업은 원칙적으로 임대를 하지 않으나 부득이한 경우에는 장기 임대가 아닌 일시임대는 가능합니다. 어느 정도의 기간이 일시임대인지 명시적인 규정은 없으나 일반적으로 일시 임대라면 임대기간은 몇 개월에 불과한 경우라야 임대용 부동산이 아닌 매매용 재고자산으로 인정되기에 유리합니다.

⑸ 종합소득세 신고

부동산매매업은 사업소득이므로 부동산의 양도시에 양도소득세가 아니라 토지등 매매차익 예정신고로 신고와 납부를 하고 다음해 5월에 종합소득세 신고를 해야 하는데 이러한 부동산매매업의 신고납부 의무를 준수하였는지 여부입니다.

⑹ 부동산매매업 활동

부동산매매업은 사업소득이므로 계속적·반복적으로 매매가 이루어져야 하고 따라서 매매 횟수가 가장 중요한 지표입니다. 그 외에도 경매입찰 등 매수활동을 꾸준히 하는지 그리고 법적 권리관계 정리 및 수선 공사 등이 종료된 후에 매각을 위한 적극적인 활동을 하고 있는지 여부입니다.

이상 열거한 조건들이 충족이 된다면 부동산매매업의 재고자산으로 보아 비과세 판단시 주택수에서 제외가 될 수 있을 것입니다.

그리고 부동산매매업 재고자산이 아닌 주택은 거주목적의 주택 등에 해당하는데 부동산매매사업용 주택이 아닌지 여부도 세무당국에서 사실관계로 판단을 하게 됩니다. 일반적으로 사업자등록을 하고 부동산매매업으로 활발하게 하기 수년 전에 취득한 주택이고 사업자등록을 하기 전에 다른 매매가 거의 없다면 해당 주택을 부동산매매사업용 주택이라고 보기는 어려울 것입니다.

그러나, 부동산매매업을 시작한 이후에는 매매용 재고자산인 주택인지 아닌지를 구분하기가 어려운 편입니다. 따라서, 매매사업용 재고자산 주택이 아니라는 근거로 실제 본인이 거주목적으로 사용하여 거주주택

임을 입증하는 등의 방식을 사용하게 됩니다.

실무적으로는 비과세를 받아야 하는 주택이 있다면 부동산매매업 재고자산 주택을 모두 처분한 상태에서 비과세 대상인 주택을 1세대 1주택으로 매도하는 보다 안전한 방법으로 사용하기도 합니다.

부동산매매업을 운영하면서 재고자산인 주택을 제외한 주택을 비과세 받고자 하는 경우에는 각 상황의 사실관계에 따라 달리 판단될 수가 있으므로 반드시 세무전문가의 조언을 받고 비과세 매도를 진행해야 할 것입니다.

2) 부동산매매업의 사업성 여부

부동산매매업은 사업소득이며 매매에 계속성과 반복성이 있어야 합니다. 사업자등록을 하고 복식부기 장부작성도 하고 종합소득세로 신고를 할지라도 매매에 사업성이 없다고 판단되면 양도소득세로 과세가 될 수 있습니다.

예를 들어, 단기 주택매매로 차익이 발생하였으나 60~70%의 양도소득세를 내기가 싫어서 매매사업자로 등록을 하고 매매사업자로 장부작성 및 소득신고를 하는 경우가 있습니다. 그러나 해당 매매 이후의 매매가 계속적이고 반복적으로 이루어지지 않은 경우에는 단기매매 양도소득세를 피하기 위해 매매사업자로 위장을 한 것이라고 보고 고율의 양도소득세로 추징이 된다는 것입니다.

중요한 것은 매매에 사업성이 있는지 어떻게 판단을 하냐는 것인데 대법원 판례의 문구를 살펴보면 아래와 같습니다.

즉, 해당 부동산의 매매가 사업소득인지 양도소득인지 여부는 부동산 전반에 걸친 부동산의 매매 횟수와 규모 등을 볼 때 계속성과 반복성이 있는지 여부로 판단한다는 것입니다.

여기서 구체적으로 1년에 몇 회를 매수나 매도를 해야 되는지에 대해서 명시하고 있지는 않습니다. 다만, 부가가치세법 기본통칙에는 아래와 같은 규정이 있습니다.

부가가치세의 1과세기간은 6개월(1기 1. 1.~6. 30., 2기 7. 1.~12. 31.)입니다. 즉, 부가가치세법의 1과세기간인 6개월의 기간 동안에 1회 이상 부동산을 취득하고 2회 이상 부동산을 판매하는 경우를 부동산매매업의 사업성 예시로 들고 있습니다. 그러나, 단서로 특정 과세기간의 매매 횟수와 관계없이 매매에 계속성과 반복성이 있으면 부동산매매업이 인정된다고 하여 대법원 판례와 동일함을 알 수 있습니다.

양도소득세 집행기준에도 대법원 판례를 반영한 동일한 규정이 있음을 알 수 있습니다.

양도소득세 집행기준 94-0-2
사업소득 또는 양도소득의 판단 기준
부동산의 매매로 인한 소득이 사업소득 또는 양도소득인지 여부는 그 매매가 수익을 목적으로 하고 있는지 또는 규모·횟수·태양 등에 비추어 사업활동으로 볼 수 있을 정도의 계속성과 반복성이 있는지 등을 고려하여 판단한다.

그리고 과거 소득세법 기본통칙에는 매매 횟수를 구체적으로 명시한 문구가 있었으나 2019년부터 삭제되어 이제는 구체적인 매매 횟수를 명시하고 있지 않습니다.

소득세법 기본통칙 64-122-1 (⇒ 2019년부터 삭제)
① 영 제122조의 규정에 의한 부동산매매업의 범위는 다음과 같다.
　1. 부동산의 매매(건물을 신축하여 판매하는 경우를 포함한다) 또는 그 중개를 사업목적으로 나타내어 부동산(부동산을 취득할 수 있는 권리를 포함한다)을 매매하거나 사업상의 목적으로 부가가치세법상 1과세기간 내에 1회 이상 부동산을 취득하고 2회 이상 판매하는 경우

정리하면, 부가가치세 1과세기간인 1.1.~6.30. 또는 7.1.~12.31.에 각각 1회 이상 취득 및 2회 이상의 매도를 예시적으로 들고 있으므로 거래규모가 이를 충족하는 수준이라면 부동산매매업에 사업성이 있다고 볼 가능성이 높습니다.

다만, 특정 과세기간의 매매 횟수가 그에 미달하더라도 부동산매매업

의 사업성이 없다고는 볼 수 없고 수년에 걸친 전체적인 부동산의 매매 행태에 계속성과 반복성이 있다고 판단되면 사업성이 있다는 것입니다.

문제는 계속성과 반복성을 판단하는 기준은 사회통념을 기준으로 사실관계를 판단한다는 것으로 모호하게 규정되어 있기 때문에 본인의 매매가 사업성이 있다고 주장할지라도 과세당국은 사업성이 없다고 판단할 수 있다는 것입니다. 이와 같이 과세당국과 이견이 있을 경우 결국 조세불복이나 소송의 과정을 거쳐 다투어야 합니다.

4

부가가치세

사업자가 재화를 판매하거나 용역을 제공하는 경우에는 부가가치세를 신고·납부할 의무가 있습니다. 다만, 부가가치세가 면제되는 재화이거나 용역을 제공하는 면세 사업자인 경우에는 부가가치세 신고·납부 의무가 없습니다.

부동산매매사업자의 경우에도 매입하여 판매하는 부동산의 유형에 따라 부가가치세 과세와 면세가 달라지므로 부가가치세에 대한 이해가 필수적입니다.

□ 부가가치세 과세 구조

과세 재화나 용역의 경우 공급가액에 10%의 부가가치세가 발생합니다. 판매시에 10%의 부가가치세를 더하여 받고 여기에 매입시에 납부한 부가가치세를 차감하는 방식입니다. 결과적으로 부가가치세는 최종소비자가 부담하는 것이며 사업자는 최종소비자가 부담한 부가가치세를 세무서에 대신 납부하는 것으로 이해하면 됩니다.

예를 들어, 도소매업을 운영하는 사업자가 100만원의 물건을 부가가치세 10만원 포함 110만원에 매입을 하였고 이를 150만원에 부가가치세 15만원을 포함하여 판매를 한다면 부가가치세 산출세액은 매출세액 15만원에 매입세액 10만원을 차감한 5만원이 됩니다. 매출세액 15만원은 사업자가 부담을 하는 것이 아니라 소비자로부터 받은 15만원을 대신 납부만 하는 것입니다.

항목	금액
매출세액	150,000원
(-) 매입세액	(-) 100,000원
= 납부(환급)세액	50,000원

□ 부동산의 과세와 면세

부동산을 공급(판매)하거나 임대를 하는 경우에는 아래의 유형에 따라 과세와 면세로 구분이 됩니다.

[부동산 임대와 공급시 부가가치세]

구분	임대	공급
토지	과세 (주택부수토지, 농지는 면세)	면세
주택	면세	과세 (국민주택규모 이하는 면세)
주택 외 건물	과세	과세

부동산을 임대하는 경우, 원칙적으로 과세이나 국민의 주거안정을 위하여 주택을 임대하는 경우에는 주택의 부수토지를 포함하여 부가가치

세가 면세됩니다.

부동산매매사업자의 경우 부동산의 공급에 해당하는 것이며 토지는 면세로 부가가치세가 발생하지 않으며 토지를 임대하는 경우와 다름에 유의해야 합니다. 건물을 매매하는 경우는 원칙적으로 과세이나 국민주택규모인 85㎡ 이하인 주택의 경우에만 예외적으로 면세입니다.

주택의 임대는 면적과 무관하게 면세이나 주택의 매매는 국민주택규모를 초과하는 경우에는 부가가치세가 발생함에 유의를 해야합니다.

참고로 「민사집행법」에 따른 경매(강제경매, 담보권 실행을 위한 경매와 「민법」·「상법」 등 그 밖의 법률에 따른 경매를 포함한다)에 따라 재화를 인도하거나 양도하는 것은 부가가치세법에서 재화의 공급으로 보지 않기 때문에 부가가치세가 발생하지 않습니다.

따라서, 부동산매매사업자가 일반매매로 상가를 취득하는 경우에는 부가가치세 납부의무가 발행하나 경매로 상가건물을 취득하는 경우 부가가치세는 납부하지 않습니다. 그러나, 추후 매도를 하는 경우에는 부가가치세가 발생하므로 신고·납부를 해야 합니다.

면세 재화와 용역만을 공급하는 경우에는 사업자등록시 면세로 등록을 하면 됩니다. 예를 들어, 본인은 면세인 85㎡ 이하의 주택만 거래할 것이라면 면세로 등록을 하게 됩니다. 면세사업자는 부가가치세 신고 의무가 없으며 면세사업장 현황신고를 하면 됩니다.

만약, 과세되는 상가건물이나 85㎡ 초과 주택도 거래하고 면세되는 주택 등 다양하게 거래를 할 것이라면 이는 과세·면세의 겸영사업자에 해당하고 사업자등록시에 일반으로 선택하여 등록하면 됩니다.

□ 부가가치세의 신고납부

부가가치세는 1과세기간을 6개월로 하여 1.1.~6.30.을 1기로 하고 7.1.~12.31.을 2기로 나누고 있으며 개인사업자는 1년에 1기와 2기로 나누어 2번의 부가가치세 신고납부를 해야 합니다. 단, 법인은 1기와 2기를 3개월로 나누어 예정신고납부 의무를 두어 총 4번의 신고납부를 하도록 하고 있습니다.

[부가가치세 신고납부 기간]

과세기간	구분	대상기간	신고납부 기한	대상
1기	예정신고	1.1.~3.31.	4.25	법인사업자
	확정신고	1.1.~6.30.	7.25	개인·법인사업자
2기	예정신고	7.1.~9.30.	10.25	법인사업자
	확정신고	7.1.~12.31.	내년 1.25	개인·법인사업자

단, 신규 사업자이거나 직전연도 수입금액이 1억 400만원 미만인 경우 선택할 수 있는 간이과세자에 해당하는 경우 1년에 1번 신고납부를 하는데 부동산매매업의 경우에는 간이과세 배제업종에 해당하여 간이과세자로 사업자등록을 하고 신고를 할 수가 없습니다. 따라서, 개인 부동산매매사업자는 1년에 2회 부가가치세 신고납부 의무를 지게 됩니다.

□ 공급시기와 세금계산서

부가가치세의 신고납부는 공급시기가 속한 과세기간에 해야 하는데 부동산을 매매하는 경우 공급시기는 해당 부동산을 이용 가능한 시점이며 원칙적으로 소유권이전등기일을 의미합니다. 단, 특약에 따라 등기이

전에도 사용·수익을 가능하게 한다거나 등기일 이후에도 사용·수익을 못하게 한다면 실제 사용·수익일이 공급일이 됩니다.

세금계산서는 일반과세자가 거래상대방이 사업자인 경우에 재화·용역을 공급하게 되면 교부하여야 합니다. 세금계산서는 종이로 발급할 수 있으나, 전년도 매출액이 일정금액(24년 7월 1일 이후 8천만원) 이상인 경우에는 홈택스에서 전자세금계산서로 발급을 해야 합니다.

부동산매매사업자의 경우에도 부동산을 매도하였고 그 상대방이 사업자인 경우에는 세금계산서나 계산서를 발급해 주어야 합니다.

□ 매출세액

부가가치세 매출세액은 과세표준(공급가액)의 10%를 곱하여 계산합니다. 부동산매매사업자가 면세에 해당하는 국민주택규모 이하 주택을 매도하는 경우는 부가가치세가 발생하지 않으나, 상가건물을 양도하는 경우에는 토지는 면세이고 건물은 과세이므로 부가가치세가 발생하게 됩니다. 이때 부가가치세의 계산시 공급가액은 면세인 토지분을 제외한 과세인 건물분의 공급가액에 10%를 곱하여 부가가치세 매출세액이 산출됩니다.

이러한 상가건물의 일괄양도의 경우, 계약서에 토지와 건물의 거래가액이 구분하여 명시되어 있으면 이를 따르는 것이 원칙입니다. 그러나 거래가액이 구분되어 있지 않거나 구분된 가액이 토지와 건물의 각각의 기준시가와 차이가 30% 이상 나는 경우에는 구분된 가액을 무시하고 토지와 건물의 기준시가에 따라 안분을 하게 됩니다.

기준시가에 따라 안분하게 되는 경우, 건물분의 과세표준은 아래의 방식으로 산출하게 됩니다.

$$\text{과세표준} = \text{공급가액} \times \frac{\text{건물 기준시가}}{(\text{토지 기준시가} + \text{건물 기준시가})}$$

만약, 매매계약서에 부가가치세가 별도인지 포함인지에 대한 언급이 없는 경우에는 부가가치세가 포함된 것으로 봅니다. 이런 경우는 총 매매금액에 건물분의 부가가치세도 이미 포함이 되어 있는 것으로 보기 때문에 이를 고려하여 아래의 산식으로 건물분의 과세표준을 계산하게 됩니다.

$$\text{과세표준} = \text{공급가액} \times \frac{\text{건물 기준시가}}{\begin{array}{c}(\text{토지 기준시가} + \text{건물 기준시가} \\ + \text{건물 기준시가의 10\%)}\end{array}}$$

토지의 기준시가는 공시지가를 의미하고 건물의 기준시가는 국세청에서 고시한 경우에는 이를 따르고 그 외는 법에서 정한 방식에 따라 신축연도, 용도, 구조 등을 고려하여 계산을 하게 됩니다. 건물분에 대한 과세표준 계산 등을 잘못하여 부가가치세 신고납부를 잘못 하게 되는 경우가 종종 있으니 어려운 경우 사전에 세무전문가와의 상담을 통하는 것이 좋습니다.

그리고 사업에 관한 모든 권리와 의무를 포괄적으로 양도하는 포괄양수도에 해당하는 경우에는 부가가치세법상 과세대상에서 제외하고 있기 때문에 부가가치세가 발생하지 않습니다. 그러나 부동산임대사업자가 해당 부동산임대사업을 포괄양수도하는 경우에나 가능하지 부동산매매사업자가 부동산임대사업자에 양도하는 경우는 업종이 다르므로 포괄양수도가 적용되지 않음에 유의해야 할 것입니다.

□ **매입세액**

부가가치세가 과세되는 재화의 매입이나 용역을 공급받은 경우에는 매입시에 납부한 10%의 부가가치세는 공제가 가능합니다. 이때 세금계산서나 신용카드 또는 현금영수증(지출증빙용)을 받아야 합니다.

중요한 것은 세법에서 매입세액 불공제 항목으로 정하고 있는 아래에 해당하면 매입시에 납부한 부가가치세는 공제받지 못합니다.

① 비영업용승용자동차의 구입 및 유지비용

② 접대비 관련 매입세액

③ 과세 및 면세 겸업사업자의 면세사업과 관련한 매입세액

④ 면세사업자가 과세되는 재화 또는 용역을 공급받고 부담한 매입세액

⑤ 토지의 취득과 관련한 매입세액

⑥ 사업자등록 전의 매입세액

⑦ 부가가치세법의 의무불이행에 대한 매입세액

⑧ 폐업자로부터 폐업일 이후 발급받은 세금계산서 등의 매입세액

⑨ 간이과세자의 경우 세금계산서를 발급할 수 없음에도 간이과세자가 잘못 발행한 세금계산서의 매입세액

⑩ 간이과세자로부터 수취한 신용카드매출전표 및 현금영수증의 매입세액

⑪ 업무와 무관한 매입세액

위에서 보듯이 면세사업 관련 매입은 불공제가 되는데 부동산매매업의 경우에도 면세사업에 해당하는 부동산과 관련된 지출은 매입세액이 불공제됩니다. 매입세액 공제를 받지 못하더라도 사업과 관련된 지출로 부동산매매업의 필요경비에 해당하면 불공제된 금액을 포함하여 비용처리는 가능합니다.

예를 들어, 건물 수리비로 100만원에 부가가치세 10만원이 발생한 경우에 상가건물에 대한 수리비는 부가가치세 10만원이 공제되나 면세 재화인 85㎡ 이하인 주택의 수리비는 부가가치세 10만원이 불공제됩니다. 그리고 상가 수리비 100만원은 비용처리를 하게 되고 주택 수리비는 불공제된 부가가치세를 포함한 110만원을 비용처리 하게 됩니다.

면세 관련 불공제 항목 이외에 실무적으로 자주 질문하는 부분에 대해 살펴보면,

1) 비영업용소형승용차의 구입 및 유지와 관련한 매입세액

영업용소형승용차는 운수사업자(택시운수업, 렌트카업체 등)가 소형승용차를 이용하여 직접 사업에 사용하는 경우를 말합니다. 따라서, 운수사업자가 아닌 경우에는 원칙적으로 차량 관련 매입, 리스, 렌트, 주유비 등 모두 불공제 대상입니다.

단, 법에서 비영업용소형승용차의 예외로 정한 아래의 경우는 매입세액 공제가 가능합니다.

① 밴차량
② 배기량이 1,000cc 이하(모닝, 마티즈 등)

③ 2륜자동차 중 배기량이 125cc 이하인 것 및 전기 2륜차는 정격출력 1kw 이하

④ 9인승 이상 자동차 및 승합차

하지만 중요한 것은 위의 경차나 9인승 이상 차량일지라도 면세사업에 사용하면 불공제 대상입니다.

2) 접대비(업무추진비)

거래처 접대와 관련한 식대, 주대 등을 신용카드로 결제한 경우 그 매입세액은 공제받을 수 없습니다.

3) 사업자등록을 하기 전의 매입세액

사업자등록을 신청하기 전의 매입세액은 공제받을 수 없으나 법에는 공급시기가 속하는 과세기간이 끝난 후 20일 이내에 사업자등록을 신청한 경우 그 공급시기 내 매입세액은 공제받을 수 있도록 허용하고 있습니다.

즉, 5/10일에 사업을 개시하였다면 7/20일 이내에는 사업자등록을 해야 1기에 발생한 부가가치세 공제가 가능합니다. 사업자등록 전에 세금계산서 등을 발급받을 일이 있다면 대표자 주민등록번호를 기재하여 받으면 됩니다.

4) 영수증 발급대상사업자로부터 받은 현금영수증이나 신용카드결제

세금계산서를 발급할 수 없고 영수증을 발급해야 하는 업종으로 목욕, 이발, 미용업, 여객운수업자(전세버스 제외) 등을 정하고 있는데 이러한

사업자로부터 현금영수증을 수취하거나 신용카드로 결제한 경우 부가가치세는 공제되지 않습니다.

예를 들어, 비행기나 고속철도 그리고 택시를 이용하고 카드로 결제한 경우 카드전표를 보면 부가가치세는 10%의 금액이 별도로 표시되어 있으나 이는 여객운수업자에 해당하므로 지불한 부가가치세는 공제 대상이 되지 않습니다.

5) 업무무관 비용

업무와 무관한 개인적 비용 등은 사업과 관련이 없으니 당연히 비용처리를 할 수 없습니다. 그럼에도 비용처리를 하여 종소세 신고를 하고 부가가치세 공제를 받은 경우 추후에 적발이 되면 비용은 부인당하고 부가가치세는 불공제로 추징을 당하게 됩니다.

■ 부가가치세법 시행규칙 [별지 제14호서식] (적색) <개정 2021. 10. 28.>

세금계산서(공급자보관용)

책 번 호	권	호
일 련 번 호	□□ -	□□□□

공급자	등 록 번 호	□□□ - □□ - □□□□□				공급받는자	등 록 번 호	
	상호(법인명)		성 명 (대표자)				상호(법인명)	성 명 (대표자)
	사업장 주소						사업장 주소	
	업 태		종 목				업 태	종 목

작성			공 급 가 액	세 액	비 고
연	월	일	빈칸 수	조 천 백 십 억 천 백 십 만 천 백 십 일	천 백 십 억 천 백 십 만 천 백 십 일	

월	일	품 목	규 격	수 량	단 가	공 급 가 액	세 액	비 고

합 계 금 액	현 금	수 표	어 음	외상 미수금	이 금액을 영수 함 청구

210㎜×148.5㎜(인쇄용지(특급) 34g/㎡)

■ 부가가치세법 시행규칙 [별지 제14호서식] (청색) <개정 2021. 10. 28.>

세금계산서(공급받는 자 보관용)

책 번 호	권	호
일 련 번 호	□□ -	□□□□

공급자	등 록 번 호	□□□ - □□ - □□□□□				공급받는자	등 록 번 호	
	상호(법인명)		성 명 (대표자)				상호(법인명)	성 명 (대표자)
	사업장 주소						사업장 주소	
	업 태		종 목				업 태	종 목

작성			공 급 가 액	세 액	비 고
연	월	일	빈칸 수	조 천 백 십 억 천 백 십 만 천 백 십 일	천 백 십 억 천 백 십 만 천 백 십 일	

월	일	품 목	규 격	수 량	단 가	공 급 가 액	세 액	비 고

합 계 금 액	현 금	수 표	어 음	외상 미수금	이 금액을 영수 함 청구

210㎜×148.5㎜(인쇄용지(특급) 34g/㎡)

홈택스(www.hometax.go.kr)에서도
신청할 수 있습니다.

[ ]예정 [ ]확정
일반과세자 부가가치세   [ ]기한후과세표준   신고서
[ ]영세율 등 조기환급

(4쪽 중 제1쪽)

※ 뒤쪽의 작성방법을 읽고 작성하시기 바랍니다.

관리번호					처리기간	즉시

신고기간   년 제 기 (월 일 ~ 월 일)

사업자	상 호 (법인명)		성 명 (대표자명)		사업자등록번호	- -
	생년월일		전화번호	사업장	주소지	휴대전화
	사업장 주소			전자우편 주소		

① 신 고 내 용

구 분			금 액	세율	세 액
과세 표준 및 매출 세액	과세	세금계산서 발급분	(1)		10 / 100	
		매입자발행 세금계산서	(2)		10 / 100	
		신용카드·현금영수증 발행분	(3)		10 / 100	
		기타(정규영수증 외 매출분)	(4)		10 / 100	
	영세 율	세금계산서 발급분	(5)		0 / 100	
		기 타	(6)		0 / 100	
	예정 신고 누락분		(7)			
	대손세액 가감		(8)			
	합계		(9)		㉮	
매입 세액	세금계산서 수취분	일 반 매 입	(10)			
		수출기업 수입분 납부유예	(10-1)			
		고정자산 매입	(11)			
	예정 신고 누락분		(12)			
	매입자발행 세금계산서		(13)			
	그 밖의 공제매입세액		(14)			
	합계 (10)-(10-1)+(11)+(12)+(13)+(14)		(15)			
	공제받지 못할 매입세액		(16)			
	차감계 (15)-(16)		(17)		㉯	
납부(환급)세액 (매출세액㉮ - 매입세액㉯)					㉰	
경감 · 공제 세액	그 밖의 경감·공제세액		(18)			
	신용카드매출전표등 발행공제 등		(19)			
	합계		(20)		㉱	
소규모 개인사업자 부가가치세 감면세액			(20-1)		㉲	
예정 신고 미환급 세액			(21)		㉳	
예정 고지 세액			(22)		㉴	
사업양수자가 대리납부한 세액			(23)		㉵	
매입자 납부특례에 따라 납부한 세액			(24)		㉶	
신용카드업자가 대리납부한 세액			(25)		㉷	
가산세액 계			(26)		㉸	
차감·가감하여 납부할 세액(환급받을 세액)(㉰-㉱-㉲-㉳-㉴-㉵-㉶-㉷+㉸)			(27)			
총괄 납부 사업자가 납부할 세액(환급받을 세액)						

② 국세환급금 계좌신고	거래은행	은행	지점	계좌번호	
③ 폐업 신고	폐업일		폐업 사유		
④ 영세율 상호주의	여[ ] 부[ ]	적용구분		업종	해당 국가

⑤ 과 세 표 준 명 세					
업 태	종목	생산요소	업종 코드	금 액	
(28)					
(29)					
(30)					
(31) 수입금액 제외					
(32) 합 계					

`부가가치세법」 제48조·제49조 또는 제59조와 「국세기본법」 제45조의3에 따라 위의 내용을 신고하며, 위 내용을 충분히 검토하였고 신고인이 알고 있는 사실 그대로를 정확하게 적었음을 확인합니다.

년 월 일

신고인: (서명 또는 인)

세무대리인은 조세전문자격자로서 위 신고서를 성실하고 공정하게 작성하였음을 확인합니다.

세무대리인: (서명 또는 인)

세무서장 귀하

첨부서류 뒤쪽 참조

세무대리인	성 명		사업자등록번호	전화번호	생년월일

210mm×297mm[백상지 (80g/㎡) 또는 중질지(80g/㎡)]

※ 이 쪽은 해당 사항이 있는 사업자만 사용합니다.
※ 뒤쪽의 작성방법을 읽고 작성하시기 바랍니다.

사업자등록번호 ☐☐☐-☐☐-☐☐☐☐☐ ＊사업자등록번호는 반드시 적으시기 바랍니다.

		구 분			금 액	세 율	세 액
(7)매출 예정신고 누락분 명세	(7)매출	과세	세 금 계 산 서	(33)		10 / 100	
			기 타	(34)		10 / 100	
		영세율	세 금 계 산 서	(35)		0 / 100	
			기 타	(36)		0 / 100	
		합 계		(37)			
	(12)매입	세 금 계 산 서		(38)			
		그 밖의 공제매입세액		(39)			
		합 계		(40)			

	구 분			금 액	세 율	세 액
(14) 그 밖의 공제 매입세액 명세	신용카드매출전표등 수령명세서 제출분	일 반 매 입	(41)			
		고정자산매입	(42)			
	의 제 매 입 세 액		(43)		뒤쪽 참조	
	재 활 용 폐 자 원 등 매 입 세 액		(44)		뒤쪽 참조	
	과 세 사 업 전 환 매 입 세 액		(45)			
	재 고 매 입 세 액		(46)			
	변 제 대 손 세 액		(47)			
	외국인 관광객에 대한 환급세액		(48)			
	합 계		(49)			

	구 분		금 액	세 율	세 액
(16) 공제받지 못할 매입세액 명세	공제받지 못할 매입세액	(50)			
	공통매입세액 중 면세사업등 해당 세액	(51)			
	대 손 처 분 받 은 세 액	(52)			
	합 계	(53)			

	구 분		금 액	세 율	세 액
(18) 그 밖의 경감·공제 세액 명세	전 자 신 고 세 액 공 제	(54)			
	전자세금계산서 발급세액 공제	(55)			
	택 시 운 송 사 업 자 경 감 세 액	(56)			
	대 리 납 부 세 액 공 제	(57)			
	현 금 영 수 증 사 업 자 세 액 공 제	(58)			
	기 타	(59)			
	합 계	(60)			

	구 분			금 액	세 율	세 액
(26) 가산세액 명세	사 업 자 미 등 록 등		(61)		1 / 100	
	세 금 계 산 서	지연발급 등	(62)		1 / 100	
		지연수취	(63)		5 / 1,000	
		미발급 등	(64)		뒤쪽 참조	
	전자세금계산서 발급명세 전송	지연전송	(65)		3 / 1,000	
		미전송	(66)		5 / 1,000	
	세금계산서 합계표	제출 불성실	(67)		5 / 1,000	
		지연제출	(68)		3 / 1,000	
	신고 불성실	무신고(일반)	(69)		뒤쪽참조	
		무신고(부당)	(70)		뒤쪽참조	
		과소·초과환급신고(일반)	(71)		뒤쪽참조	
		과소·초과환급신고(부당)	(72)		뒤쪽참조	
	납부지연		(73)		뒤쪽참조	
	영세율 과세표준신고 불성실		(74)		5 / 1,000	
	현금매출명세서 불성실		(75)		1 / 100	
	부동산임대공급가액명세서 불성실		(76)		1 / 100	
	매입자 납부특례	거래계좌 미사용	(77)		뒤쪽참조	
		거래계좌 지연입금	(78)		뒤쪽참조	
	신용카드매출전표 등 수령명세서 미제출·과다기재		(79)		5 / 1,000	
	합 계		(80)			

	업태	종목	코드번호	금액
면세사업 수입금액	(81)			
	(82)			
	(83) 수입금액 제외			
			(84) 합계	

계산서 발급 및 수취 명세	(85) 계산서 발급금액	
	(86) 계산서 수취금액	

210mm×297mm[백상지 (80g/㎡) 또는 중질지(80g/㎡)]

□ 면세사업장 현황신고

과세사업자는 1년에 2회의 부가가치세 신고를 해야 하나, 면세사업자의 경우에는 1년에 1회 매년 2월 10일까지 사업장현황 신고를 관할세무서에 해야 합니다.

대표적인 면세 사업자는 병원, 약국 등의 의료업자와 학원사업자 및 농축수산업 도소매업자 등으로 부동산매매사업자의 경우에도 일반사업자가 아닌 면세로 사업자등록을 한 경우에는 사업장현황 신고 대상입니다.

사업장현황 신고를 하지 않거나 미달 신고한 경우는 수입금액의 0.5%에 해당하는 가산세를 부과하고 있습니다. 다만, 가산세 부과 대상은 의료업, 수의사업, 약사업을 하는 경우로만 정해져 있어 부동산매매사업자는 사업장현황 신고를 하지 않아도 가산세는 발생하지 않습니다.

사업장현황 신고를 놓치고 못 하였더라도 5월의 종합소득세 신고납부만 제대로 하면 가산세가 발생하는 등의 문제는 없습니다. 그러나 과세당국에 자료를 제공하는 협력의무를 제대로 이행하지 않을 경우 불이익을 받을 수 있으니 가능한 신고를 하는 것이 좋습니다.

홈택스(www.hometax.go.kr)에서도
신청할 수 있습니다.

사 업 장 현 황 신 고 서

※ 뒤쪽의 작성방법을 읽고 작성하시기 바라며, [ ]에는 해당되는 곳에 √표를 합니다.　　　　　　　　(앞쪽)

관리번호					처리기간 즉시	
과세기간	년 월 일 ~ 년 월 일					

사업자	상호		사업자등록번호		공동사업 [ ]여 [ ]부	
	성명		주민등록번호			
	사업장 소재지			전화번호		
	전화번호		휴대전화	전자우편주소		

① 수입금액(매출액) 명세

(단위: 원)

	업 태	종 목	업종코드	합 계	수입금액	수입금액 제외
(1)						
(2)						
(3)						
(4)						
(5)						
	합 계					

② 수입금액(매출액) 구성 명세

(단위: 원)

합 계	계산서발행금액		계산서발행금액 이외 매출		
	계산서 발급분	매입자발행 계산서	신용카드 매출	현금영수증 매출	기타 매출

③ 적격증명(계산서·세금계산서·신용카드) 수취금액

(단위: 원)

합 계	매입 계산서			매입 세금계산서			신용카드·현금영수증 매입금액
	계산서 수취분		매입자발행 계산서	세금계산서 수취분		매입자발행 세금계산서	
	전자 계산서	전자 계산서 외		전자 세금계산서	전자 세금계산서 외		

④ 폐 업 신 고

폐업연월일	. .	폐업사유	

첨부서류(해당 내용 표기)

매출처별계산서합계표
☐ 전자신고 ☐ 전산매체
☐ 서면 ☐ 해당 없음

매입처별계산서합계표
☐ 전자신고 ☐ 전산매체
☐ 서면 ☐ 해당 없음

매입자발행계산서합계표
☐ 전자신고
☐ 서면 ☐ 해당 없음

매입처별세금계산서합계표
☐ 전자신고 ☐ 전산매체
☐ 서면 ☐ 해당 없음

매입자발행세금계산서합계표
☐ 전자신고
☐ 서면 ☐ 해당 없음

수입금액검토표 ☐

신고인은 「소득세법」 제78조 및 같은 법 시행령 제141조에 따라 신고하며, 위 내용을 충분히 검토하였고 신고인이 알고 있는 사실 그대로를 정확하게 작성하였음을 확인합니다.

년 월 일

신고인: (서명 또는 인)

세무대리인은 조세전문자격자로서 위 신고서를 성실하고 공정하게 작성하였음을 확인합니다.

세무대리인: (서명 또는 인)

세무서장 귀하

세무대리인	성 명		사업자등록번호		전화번호	

210mm×297mm[백상지 80g/㎡ 또는 중질지 80g/㎡]

5

종합소득세

부동산매매업은 사업소득이므로 종합소득세로 과세가 됩니다. 이에 반해 양도소득세는 분류과세 항목으로 종합소득에 합산되지 않고 별도로 과세됩니다.

□ 종합소득세 과세 구조

종합소득세는 단순히 부동산매매업에서 발생한 소득으로만 세금을 계산하는 것이 아니라 이자, 배당, 사업, 근로, 연금, 기타소득에서 발생한 모든 종합과세 대상인 소득을 합산하여 세금을 계산합니다.

따라서, 동일한 부동산매매업에서 발생한 소득이라도 근로소득이나 연금소득 등 다른 소득이 많은 경우에는 최대 45%의 세율이 적용될 수도 있고 다른 소득이 전혀 없는 경우에는 6%의 세율구간이 적용될 수도 있다는 것입니다.

그리고 이자와 배당소득은 금융소득으로 2천만원 이하인 경우에는 종합소득에 합산이 되지 않고 14% 세율의 원천징수로 종료되며 이러한 방식을 분리과세라고 합니다. 금융소득 외에 연금소득이나 기타소득의 경우에도 종합소득에 합산되지 않고 분리과세로 종결되는 경우가 있습니다.

우선, 분리과세 항목 등을 제외한 모든 종합소득 금액이 합산되면 여기에 소득공제를 차감하여 산출된 과세표준에 세율을 곱하여 산출세액이 계산됩니다. 여기에 세액공제와 세액감면 항목을 차감하고 가산세를 더하고 기납부세액 등을 공제한 후에 최종 납부할 세액이 결정되는 구조입니다.

[종합소득세 과세 구조]

소득공제 금액이나 세액공제 및 감면 등은 각자의 개인별 상황에 따라 적용되는 금액이 다르므로 종합소득 금액이 같더라도 개인별로 최종적으로 부담해야 할 종합소득세는 각자 다르게 됩니다.

일반적으로 근로소득만 있어서 연말정산만 하였던 신규 부동산매매사업자의 경우에는 이러한 종합소득세 과세 구조를 잘 모르고 부동산매매업을 시작하였는데 막상 종합과세로 산출되는 세금이 예상보다 너무 많아서 후회하시는 경우도 있으니 종합소득세 계산구조는 반드시 숙지해야 합니다.

근로소득이 있는 직장인이 부동산매매업을 하는 경우에 종합소득세 산출세액 계산을 사례로 살펴보겠습니다.

[사례 1]
- 부동산매매업 사업소득 3천만원(총수입금액 3억원, 필요경비 2.7억원)
- 총급여 3천만원
- 소득공제 1천만원

구분	부동산매매업
총수입금액	300,000,000
필요경비	270,000,000
사업소득금액	30,000,000

구분	근로소득
총급여	30,000,000
근로소득공제	9,750,000
근로소득금액	20,250,000

종합소득금액	50,250,000
소득공제	10,000,000
과세표준	40,250,000
세율	15%
산출세액	4,777,500

종합소득금액은 부동산매매업 소득금액과 근로소득금액을 합산하여 계산되고 누진세율의 구간은 15%가 되고 산출세액은 4,777,500원으로 됩니다.

[사례 2]
- 부동산매매업 사업소득 3천만원 (총수입금액 3억원, 필요경비 2.7억원)
- 총급여 8천만원
- 소득공제 1천5백만원 (급여증가에 따른 소득공제 증가반영 1천5백만원 가정)

사례1과 부동산매매업 사업소득은 동일하다고 가정하고 총급여가 8천만원으로 조금 더 높은 경우를 계산해 보면 누진세율의 구간은 24%가 되고 산출세액은 13,740,000원으로 됩니다.

구분	부동산매매업
총수입금액	300,000,000
필요경비	270,000,000
사업소득금액	30,000,000

구분	근로소득
총급여	80,000,000
근로소득공제	13,750,000
근로소득금액	66,250,000

종합소득금액	96,250,000
소득공제	15,000,000
과세표준	81,250,000
세율	24%
산출세액	13,740,000

즉, 부동산매매업에서 동일하게 이익이 3천만원 발생하였다고 하더라

도 다른 종합소득 합산대상인 근로소득이 얼마인지에 따라 부동산매매업 사업소득으로 인해 늘어나는 세금이 달라진다는 것입니다.

사례1의 경우, 추가로 발생한 부동산매매업 3천만원 소득금액에 대해 15%의 세율인 450만원 정도의 세금이 늘어나는 반면 사례2와 같이 총급여가 8천만원으로 사례1보다 높은 경우에는 세율 구간이 24%가 적용되므로 부동산매매업 운영으로 인해 720만원의 세금이 늘어난 셈입니다.

이러한 종합소득세의 구조를 잘 알아야 부동산매매업의 운영으로 인한 투자수익을 미리 예측해 볼 수가 있게 됩니다.

□ 부동산매매업 사업소득 계산 구조

사업소득금액은 총수입금액에서 필요경비를 차감하여 계산을 하게 되는데 이렇게 산출된 사업소득금액은 다른 사업소득 및 근로소득 등과 합산을 하여 종합소득금액을 산출하게 됩니다. 부동산매매업의 경우, 총수입금액과 필요경비 주요 항목을 살펴보면 아래와 같습니다.

[부동산매매업 사업소득 계산]

구분	세부 내역
총수입금액	- 당해 연도 발생한 부동산 매출(매도가액)
(-) 필요경비	- 당해 연도 판매된 부동산에 대한 매출원가(취득가액) - 이자비용 - 수선비(자본적지출 + 수익적지출) - 인건비 - 세금과공과 - 보험료 - 교통비, 차량유지비 - 기타 판매관리비(소모품비, 접대비 등)
사업소득금액	총수입금액 - 필요경비

1) 총수입금액

부동산매매업은 부동산을 사고 파는 사업이므로 매출은 부동산을 판매한 금액이 됩니다.

2) 매출원가

부동산매매업의 부동산은 회계상 재고자산에 해당하고 판매된 재고자산은 매출원가로 필요경비 처리가 됩니다.

3) 이자비용

부동산을 취득하기 위해 발생한 대출에 대한 이자비용은 필요경비로 처리가 가능합니다. 이자비용은 그 해에 발생한 이자비용을 기간비용으로 처리하는 것이고 재고자산처럼 부동산 매도시에 비용처리가 되는 것이 아닙니다.

실무적으로는 이자비용은 부동산매매사업자의 가장 큰 비용항목 중 하나에 해당합니다. 참고로 양도소득세는 이자비용을 양도차익 계산시 필요경비로 인정하지 않습니다.

4) 수선비

양도소득세는 자본적지출 항목만 필요경비로 인정하지만 사업소득 계산시는 수익적지출에 해당하는 항목들도 모두 필요경비로 인정이 됩니다.

5) 인건비

직원을 채용하거나 프리랜서로 고용한 경우에도 부동산매매업의 업무와 관련된 실제로 발생한 인건비는 필요경비로 인정이 됩니다. 단, 세금을 줄이기 위해서 실제로 근무도 하지 않은 가족 등을 직원으로 하는 경우에는 당연히 필요경비 대상이 아니고 추후 세무조사 등을 통해 추징이 될 수 있습니다.

6) 세금과공과

부동산의 보유시 발생하는 재산세와 종합부동산세는 필요경비 처리가 가능합니다. 양도소득세의 경우는 이러한 항목은 필요경비로 인정하지 않습니다.

7) 보험료

부동산의 화재 등을 대비하여 보험에 가입을 한 경우 발생한 보험료는 필요경비로 인정됩니다. 그리고 사업자 본인의 건강보험료, 국민연금과 직원의 4대보험 중에 사업자가 부담해야 하는 보험료는 필요경비로 공제 됩니다.

8) 교통비, 차량유지비

업무와 관련하여 발생한 교통비나 업무용 차량의 주유비, 차량수리비, 차량보험료, 자동차세 등은 필요경비로 인정이 됩니다. 다만, 부동산매매업의 업무와 관련없이 개인적으로 발생한 교통비나 차량유지비는 필요경비에 해당하지 않습니다.

9) 기타 판매관리비

부동산매매업과 관련하여 발생한 소모품 구입비용이나 부동산의 인테리어나 수리를 직접 하는 과정에서 발생한 소모품 구입비용 등도 필요경비로 인정됩니다. 그리고 거래처에 접대를 목적으로 지출한 비용은 한도 내 필요경비로 인정이 될 수 있으나 업무관련성이 없는 경우는 인정되지 않습니다.

□ 장부작성 의무

당해연도에 부동산매매업으로 인한 손익을 계산하기 위해서는 장부작성을 하여 실제로 발생한 손익을 계산하는 것이 원칙입니다.

이러한 장부에는 거래를 차변과 대변으로 회계처리하여 「자산 = 부채 + 자본」을 나타내는 재무상태표를 산출하게 되는 복식부기 방식이 있으며 단순히 수입과 지출을 가계부 방식으로 작성하는 간편장부 방식이 있습니다.

그러나 이러한 장부작성 방식에 대비되는 개념으로 실제 지출한 비용이 아니라 매출액 기준으로 일정비율을 비용으로 인정해 주는 방식이 있는데 이를 추계신고 방식이라고 하며 단순경비율과 기준경비율 방식이 있습니다.

[장부작성 및 추계신고]

구분	구분	중요 차이
장부작성 (실제 비용)	복식부기	차변, 대변으로 회계처리하고 재무상태표 및 손익계산서가 산출됨
	간편장부	단순히 입출금 내역을 기록함 재무상태표는 산출되지 않음
추계신고 (비용 추산)	기준경비율	주요경비(재료비, 임차료, 인건비)는 실제 발생금액으로 하고 기타경비는 수입금액에 기준경비율을 곱하여 적용함
	단순경비율	수입금액에 단순경비율을 곱하여 경비를 산출함

그리고 이러한 장부작성 의무 및 추계신고시 경비율 적용 방식은 신규 사업자인지 계속사업자인지와 수입금액에 따라 다르게 적용됩니다.

[부동산매매업 장부작성 의무 및 추계신고]

구분	장부작성 의무	추계신고
신규 사업자	의무 없음 (장부작성 신고 가능)	① 당해연도 수입금액 3억원 이상 ⇒ 기준경비율 ② 당해연도 수입금액 3억원 미만 ⇒ 단순경비율
계속 사업자	① 직전연도 수입금액 3억원 이상 ⇒ 복식부기 의무자 ② 직전연도 수입금액 3억원 미만 ⇒ 간편장부 대상자	① 무기장 가산세 대상 단, 직전연도 수입금액 4,800만원 미만이면 가산세 미적용 ② 직전연도 수입금액 6천만원 미만이면서 당해연도 수입금액 3억원 미만인 경우 ⇒ 단순경비율(그 외는 기준경비율)

신규사업자인 경우에는 장부작성 의무가 없어 장부를 작성하지 않아도 가산세 등 불이익은 없으나 장부를 작성하여 신고할 수 있습니다. 장부 작성을 하지 않고 추계신고하는 경우 원칙적으로 단순경비율 적용이나 수입금액이 3억원 이상이면 기준경비율 방식을 적용합니다. 그러나 실무적으로 부동산매매업은 사업성 인정을 위해서 신규사업자도 복식부기로 장부를 작성함이 일반적입니다.

계속사업자인 경우에는 직전연도 수입금액 4,800만원 이상이면 장부 미작성시에 가산세가 발생하므로 장부를 의무적으로 작성해야 합니다. 이때, 직전연도 수입금액이 3억원 이상인 경우는 반드시 복식부기 방식으로 장부를 작성해야 하고 3억원에 미달하는 경우에는 간편장부로 작성을 할 수가 있습니다. 단, 복식부기 의무자가 아닌데 복식부기로 장부를 작성하는 경우에는 혜택으로 연간 100만원 한도의 기장세액공제를 적용받을 수 있습니다.

그리고 부동산매매업에서 결손(적자)이 발생한 경우에는 장부를 작성해야 결손이 인정이 되며 해당 결손은 타소득과 통산되고 15년간 이월공제가 가능합니다.

부동산매매업의 장부작성과 추계신고 방식은 아래의 예시로 살펴보겠습니다.

- 25년 8월 경매로 A주택을 3억원에 낙찰을 받고 매매사업자로 사업자등록
- 25년 11월 A주택을 4억원에 매도
- 25년 12월 B주택을 4억원에 매입
- A주택 매입 후 수선비로 3천만원을 지출
- A주택 매입시 대출을 2.5억원을 받았고 매도시 상환을 하였으며 5백만원 이자비용 발생함
- B주택 매입시 대출을 3.5억원을 받고 25년 중에 이자비용 2백만원 발생함
- 25년 중에 매매업과 관련된 기타 판매관리비로 3백만원 지출함

1) 복식부기 장부작성

차변과 대변으로 복식부기 장부작성을 한 경우에는 재무상태표와 손익계산서가 산출됩니다. 특히 재무상태표에는 25년 12월에 매입하여 기말에 보유하고 있는 매매용 부동산이 재고자산으로 등재가 된 것을 확인할 수 있습니다.

[재무상태표]

자산		부채+자본	
재고자산	400,000,000	단기차입금	350,000,000
예금	60,000,000	자본	110,000,000
합계	460,000,000	합계	460,000,000

그리고 손익계산서로 당해연도의 이익을 표시하고 있고 25년에 3억원에 매입하여 4억원에 매각된 것과 수선비 및 기타 판매관리비 그리고 25년 중의 이자비용도 당해연도 비용으로 처리가 됨을 알 수 있습니다.

[손익계산서]

항목	금액
매출액	400,000,000
(-) 매출원가	300,000,000
매출총이익	100,000,000
(-) 수선비	30,000,000
(-) 기타 판관비	3,000,000
영업이익	67,000,000
(-) 이자비용	7,000,000
당기순익	60,000,000

　당기순이익은 회계상의 이익이므로 이를 세법상의 이익으로 조정하는 세무조정의 과정을 거쳐서 세무상 소득금액을 산출하게 됩니다.

2) 간편장부 장부작성

　간편장부는 차변과 대변으로 작성하지 않고 현금 입출금을 일자별로 정리를 하는 가계부 방식으로 기록을 합니다.

① 일자	② 계정 과목	③ 거래 내용	④ 거래처	⑤ 수입(매출)		⑥ 비용 (원가관련 매입포함)		⑦ 사업용 유형자산 및 무형자산 증감(매매)		⑧ 비고
				금액	부가세	금액	부가세	금액	부가세	

　기록된 간편장부의 내용을 아래의 '총수입금액 및 필요경비명세서'에 기재를 하여 당해연도의 손익을 표시하게 됩니다. 예시를 기준으로 작성해 보면 아래와 같습니다.

장부상 수입금액		매 출 액		400,000,000
		기 타		
		수입금액 합계		400,000,000
필요 경비	매출원가	기초재고액		
		당기 상품매입액		700,000,000
		기말재고액		400,000,000
		매출원가		300,000,000
	제조비용	재료비	기초 재고액	
			당기 매입액	
			기말 재고액	
			당기 재료비	
		노 무 비		
		경 비		
		당기제조비용		
	일반 관리비 등	급 료		
		제 세 공 과 금		
		임 차 료		
		지 급 이 자		7,000,000
		접 대 비		
		기 부 금		
		감 가 상 각 비		
		차 량 유 지 비		
		지 급 수 수 료		
		소 모 품 비		
		복 리 후 생 비		
		운 반 비		
		광 고 선 전 비		
		여 비 교 통 비		
		기 타		33,000,000
		일반관리비등계		40,000,000
	필요경비 합계			340,000,000

위의 '총수입금액 및 필요경비명세서' 양식에 의해 계산된 수입금액과 필요경비를 입력하여 당해연도 소득금액을 산출하게 되며 판매용 부동산을 재고자산으로 표시하는 재무상태표는 작성되지 않습니다.

3) 추계신고 방식

위 사례의 경우는 당해연도 신규사업자이므로 장부작성을 하지 않고 추계로 신고를 하여도 가능합니다. 이 경우 수입금액이 4억원으로 기준금액이 3억원을 초과하므로 단순경비율을 적용할 수 없고 기준경비율 방식으로 신고를 해야 합니다.

기준경비율 적용시 소득금액 계산은 아래의 산식을 적용하고 주요경비는 실제 발생한 경비를 적용하고 기타 경비는 수입금액에 기준경비율을 곱하여 계산됩니다.

구분	추계 소득금액 계산
기준경비율에 의한 소득금액	수입금액 - 주요경비* - (수입금액 × 기준경비율) * 주요경비 = 매입비용 + 임차료 + 인건비

사례의 주택 매매업의 경우 기준경비율은 9.3%이고 수입금액이 4억원이므로 주요경비를 제외한 기타경비로 인정된 금액은 37,200,000원으로 계산됩니다.

코드번호	세분류	세세분류	단순 경비율	기준 경비율
703011	부동산 개발 및 공급업	주거용 건물 개발 및 공급업	82.1	9.3

주요경비는 주택 매입비용 3억원으로 추계방식을 통한 소득금액을 계산해 보면

4억원 - 3억원 - (4억원 × 9.3%) = 62,800,000원이 됩니다.

결과적으로 이자비용, 수선비 등으로 실제 발생한 기타비용의 금액이 추계방식의 필요경비보다 더 큰 경우에는 장부작성 의무는 없으나 장부를 작성하여 실제 발생비용을 적용하여 신고를 하는 것이 보다 절세가 되는 것입니다.

정리하면, 종합소득세에 합산될 부동산매매업의 소득금액을 계산하기 위해서는 장부작성과 추계신고 방식으로 나누어지고 장부는 복식부기와 간편장부 방식이 있으며 수입금액 등에 따라 장부작성 의무가 나누어집니다.

특히, 복식부기 의무자인데도 추계로 신고를 하는 경우는 기준경비율의 50%만을 인정하고 무기장으로 인한 가산세도 부담하게 됨에 유의해야 합니다. 그리고 간편장부 대상자로 복식부기 의무자가 아님에도 복식부기로 장부작성 신고하는 경우는 기장세액공제를 최대 100만원까지 받을 수 있어 절세에도 유리합니다.

실무적으로 부동산매매업의 계속사업자인 경우에는 전년도 수입금액이 3억원에 미달하는 경우는 별로 없으며 만약 이 금액에도 미달한다면 부동산매매업을 제대로 하고 있는지 사업성에 대한 이슈가 있을 매출액 수준입니다. 따라서 정상적으로 부동산매매업을 운영하는 계속사업자라면 복식부기 의무자가 대부분입니다.

신규사업자의 경우는 추계로 신고가 가능하고 실제 발생 경비보다 수입금액에 경비율을 곱하여 적용하여 산출된 필요경비가 더 크다면 추계로 신고하는 것이 유리할 수도 있습니다.

그러나, 1세대 1주택 비과세 적용시 주택수에서 제외되는 부동산매매용 재고자산인지 여부는 복식부기로 산출되는 재무상태표의 재고자산인지 여부로 확인할 수 있습니다. 또한 부동산매매사업자로 장부를 작성하고 있는지도 부동산매매업의 사업성 여부의 판단 항목 중 하나이므로 실무적으로는 부동산매매사업자는 복식부기로 장부를 작성하는 것이 일반적입니다.

□ 토지등 매매차익 예정신고납부

양도소득세의 경우 양도일이 속한 달의 마지막 날로부터 2개월 이내에 양도소득세 예정신고와 납부를 하도록 하고 있습니다. 부동산매매업의 경우에도 이와 유사한 신고납부 의무가 있는데 이를 '토지등 매매차익 예정신고납부' 의무라고 하며 양도차손이 발생한 경우에도 신고를 해야 합니다.

이는 다른 사업자에게는 없는 특수한 것으로 세수를 조기에 확보하기 위한 것이 목적으로 종합소득세를 미리 납부하는 것으로 보면 됩니다.

[계산구조]

산식	항목	설명
	매매가액	실제 매매가액
(-)	필요경비	취득가액, 자본적지출, 양도비
(-)	장기보유특별공제	
=	토지등 매매차익	
(+)	기신고된 매매차익 합계액	당해연도 중 기신고된 토지등 매매차익 누계
=	토지등 매매차익(누계)	
(×)	세율	
=	산출세액	
(+)	가산세	
(-)	기납부세액	기신고 납부한 세액을 차감
=	납부할 총세액	

구체적인 항목별로 살펴보면,

1) 필요경비

양도소득세 계산시 적용되는 필요경비 항목과 동일하게 적용을 합니다. 실제 취득가액에는 취득세와 취득 중개수수료 등 취득관련 부대비용이 포함되고 자본적지출은 필요경비에 인정되나 도배, 장판 등 수익적지출은 제외됩니다. 매도시 발생하는 중개수수료 등의 양도비도 양도소득세와 동일하게 필요경비로 인정됩니다.

중요한 점은 토지등 매매차익 계산시에는 양도소득세의 양도차익 계산 방식을 준용하기 때문에 이자비용, 수익적지출, 일반관리비 등은 필요경비로 들어가지 않습니다. 이러한 비용 항목은 최종적으로 사업소득금액 계산시에는 필요경비로 인정이 됩니다.

그리고 취득 관련 제세금과 법무사수수료는 필요경비로 인정이 되지만 대출 등의 과정에서 발생하는 근저당설정비와 이와 관련된 수수료는 양도소득세 계산시 필요경비로 인정되지 않고 토지등 매매차익 계산시에도 인정되지 않습니다.

2) 장기보유특별공제

양도소득세와 마찬가지로 보유기간이 3년 이상인 경우 적용이 가능하나, 단기 매매를 위주로 하는 부동산매매업의 경우에는 적용될 여지가 없고 부동산매매업 중에 비주거용 건물 신축판매를 하는 경우에 적용되는 경우가 종종 있습니다.

주의할 점은 양도소득세의 예정신고는 250만원의 기본공제가 있으나 토지등 매매차익 예정신고에는 250만원 공제는 없습니다.

3) 기신고된 매매차익 합계 및 기납부세액 공제

연도 중에 여러 건의 매도가 발생한 경우에는 누적된 매매차익을 기준으로 세금을 계산합니다. 그리고 기존에 납부한 예정신고 세액은 공제를 하게 됩니다.

4) 세율

세율은 양도소득세에 적용되는 세율을 적용하되 보유기간이 2년 미만인 경우 양도소득세는 높은 단일세율을 적용하지만 토지등 매매차익 예정신고의 경우에는 보유기간이 2년 미만인 경우라도 아래의 양도소득세 기본세율을 적용합니다.

단, 조정대상지역내 2년 미만 보유주택과 비사업용토지와 미등기자산 그리고 조합원입주권과 분양권은 기본세율을 적용하지 않고 양도소득세와 동일한 고율의 세율을 적용하기 때문에 유의해야 합니다.

[양도소득세 기본세율]

과세표준	기본세율	누진공제액
1,200만원 이하	6%	-
1,200만원~ 5,000만원	15%	108만원
5,000만원~8,800만원	24%	576만원
8,800만원~1.5억원	35%	1,544만원
1.5억원~3억원	38%	1,994만원
3억원~5억원	40%	2,594만원
5억원~10억원	42%	3,594만원
10억원 초과	45%	6,594만원

이렇게 계산되어 납부한 세금은 다음해 5월 종합소득세 신고시에 기납부한 세액으로 공제를 해 주게 됩니다.

이때 본인의 타 소득 수준과 토지등 매매차익 예정신고 계산에서 필요경비로 인정되지 않았으나 부동산매매업 필요경비에는 해당하는 이자비용, 수익적지출 성격의 수선비 및 기타 관리비 등의 발생금액에 따라 기납부한 세금을 일부 환급받을 수도 있고 추가로 납부를 해야 하는 경우도 발생하게 됩니다.

■ 소득세법 시행규칙 [별지 제16호서식] <개정 2024. 3. 22.>

토지등 매매차익 예정신고서 및 납부계산서
(년 월 귀속)

※ 뒤쪽의 작성방법을 읽고 작성하여 주시기 바랍니다. (앞쪽)

| 관리번호 | | | 처리기간 | 즉시 |

신고인	① 성 명		② 주 민 등 록 번 호	
	③ 주 소		④ 전화번호	

구 분		세율구분코드	세율구분코드	합 계
매매가액(실지거래가액)	⑤			
필요경비	⑥			
장기보유특별공제	⑦			
토지등 매매차익(⑤-⑥-⑦)	⑧			
기신고(결정)된 매매차익 합계액	⑨			
토지등 매매차익 합계액(⑧+⑨)	⑩			
양도소득세 세율	⑪			
산출세액	⑫			
가산세	⑬			
기납부세액	⑭			
납부할 총세액(⑫+⑬-⑭)	⑮			
분납할 세액(2개월 이내)	⑯			
신고기한 내 납부할 세액(⑮-⑯)	⑰			

신고인은 「소득세법」 제69조에 따라 위의 내용을 신고하며, 위 내용을 충분히 검토하였고 신고인이 알고 있는 사실 그대로를 정확하게 적었음을 확인합니다.

년 월 일

신고인 (서명 또는 인)

세무대리인은 조세전문자격자로서 위 신고서를 성실하고 공정하게 작성하였음을 확인합니다.

세무대리인 (서명 또는 인)

세무서장 귀하

신고인 제출 서류	1. 토지등 매매차익 계산명세서(부표) 1부 2. 매매계약서 및 필요경비 증명서류 1부		수수료
담당 공무원 확인 사항	1. 건물(토지)등기부 등본 2. 건축물(토지)대장		없음
세무대리인	성명(상호)	사업자등록번호	
	생년월일	전화번호	

210mm×297mm[백상지80g/㎡ 또는 중질지80g/㎡]

토지등 매매차익 계산명세서

※ 관리번호 -

(앞쪽)

1. 인적사항

① 성 명		② 생년월일	
③ 상 호		④ 사업자등록번호	- -
⑤ 사업장 소재지			

2. 양도자산 명세

⑥ 세율구분 코드					합 계
⑦ 자 산 종 류					
⑧ 부동산 소재지					

3. 매매가액 계산

⑨ 양 도 일					
⑩ 양 도 면 적					
⑪ 매 매 가 액					

4. 매매차익 계산

필요경비	⑫ 취 득 가 액				
	⑬ 자 본 적 지 출 액				
	⑭ 양 도 비				
	⑮ 건 설 자 금 충 당 이 자				
	⑯ 공 과 금				
	⑰ 필요경비 계				
⑱ 장기보유특별공제					
⑲ 매 매 차 익 (⑪-⑰-⑱)					

□ 비교산출세액

부동산매매업의 경우, 종합소득세 신고시 비교산출세액이라는 제도가 있습니다. 이러한 제도의 취지는 정책상 고율의 양도소득세 세율을 부과하는 항목들이 있는데 부동산매매업을 활용하여 이를 회피하는 것을 막기 위한 것으로 해당 자산은 부동산매매사업자가 양도하더라도 종합소득세율이 아닌 고율의 양도소득세 세율을 적용하겠다는 것입니다.

구체적으로 분양권, 비사업용토지, 조정대상지역내 중과세대상 주택, 미등기 양도자산의 매매차익이 있는 경우에는 종합소득 산출세액 계산은 다음의 세액 중 많은 것으로 합니다.

□ 종합소득세 산출세액 = Max [①, ②]

① 종합소득 산출세액

② ㉠과 ㉡의 합계액

ㅤㅤ㉠ 주택등 매매차익 × 양도소득세 세율

ㅤㅤ㉡ (종합소득 과세표준 - 주택등 매매차익) × 종합소득세율

여기에서 '주택등 매매차익'은 [매도가액 - 양도자산 필요경비 - 양도소득 기본공제 250만원 - 장기보유특별공제]로 계산되며 토지등 매매차익 예정신고시의 매매차익 계산과 차이점은 기본공제 250만원이 적용된다는 것입니다. 실질적으로 양도소득세 계산시에 적용되는 양도차익 계산 방식과 동일한 것으로 이해하면 됩니다.

따라서 부동산매매업의 비교산출세액의 적용 대상에 해당하는 부동산은 부동산매매업을 해도 양도소득세율의 높은 세율이 적용되므로 부동산매매업을 하는 실익이 크지 않다는 것을 알 수 있습니다.

⑭ 종합소득산출세액계산서(주택등매매업자용)

1. 종합소득산출세액 비교

구 분	① 종합소득 금액 합계	비교산출세액의 계산		
		② 합계	③ 주택 등 매매차익 외 종합소득	④ 주택등매매차익 합계(⑤+~+⑪)
㉮ 총 수 입 금 액 (주택등매매가액)				
㉯ 필 요 경 비				
㉰ 장기보유특별공제				
㉱ 소 득 금 액				
㉲ 소 득 공 제 (양도소득기본공제)				
㉳ 과 세 표 준				
㉴ 세　　　율				
㉵ 산 출 세 액				

2. 주택 등 매매차익에 대한 산출세액의 계산

구 분	⑤ 누진세율 적용자산	⑥ 누진+10%세율 적용자산	⑦ 누진+20%세율 적용자산	⑧ 누진+30%세율 적용자산	⑨ 40%세율 적용자산	⑩ 50%세율 적용자산	⑪ 60%세율 적용자산	⑫ 70%세율 적용자산
㉮ 총 수 입 금 액 (주택등매매가액)								
㉯ 필 요 경 비								
㉰ 장기보유특별공제								
㉱ 소 득 금 액								
㉲ 소 득 공 제 (양도소득기본공제)								
㉳ 과 세 표 준								
㉴ 세　　　율								
㉵ 산 출 세 액								

부동산매매사업자의
세무신고

사업자등록

부동산매매업을 하려는 경우 가장 먼저 해야 할 세무절차는 사업자등록을 하는 것입니다. 모든 사업자는 사업장마다 사업개시일부터 20일 이내에 사업자등록을 신청하여야 하고 사업개시일 전이라도 사업자등록은 가능합니다.

사업자등록 신청은 사업장 관할세무서에서 신청하는 것이 원칙이나 다른 세무서에 방문하여 신청을 해도 됩니다. 그리고 직접 세무서를 방문하지 않고 국세청 홈택스(https://hometax.go.kr)에서 신청을 하는 것도 가능합니다. 사업자등록증은 특이사항이 없는 경우 2일 이내에 발급이 됩니다.

[사업자등록 신청 절차]

《 상세 흐름도 》

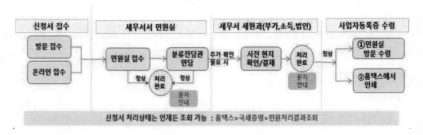

부동산매매업을 하고자 하는 경우, 사업자등록 신청 방법에 대해 세부적으로 살펴보겠습니다.

□ 사업자등록 시기

사업자등록은 사업개시일로부터 20일 이내에 하여야 하는데 사업개시일은 제조업은 제조를 개시한 날 도소매업의 경우 재화의 공급을 개시한 날로 보며 부동산매매업은 재화인 부동산을 공급하는 시점으로 보고 있습니다. 참고로 사업개시일은 사업자등록증에 기재하는 개업일과는 다른 개념입니다.

> **서면-2017-부가-1226 [부가가치세과-1578] 2017.06.30.**
> 부동산매매업의 사업개시일은 재화의 공급을 개시하는 날이며, 이 때 재화의 공급을 개시하는 날은 부가가치세법 제15조에 규정하는 공급시기를 말함

실무적으로는 제조업의 경우에 사업장이나 공장을 임차 계약하면 바로 사업자등록을 하는 것이 일반적이며 부동산매매업의 경우에는 경매 낙찰이나 부동산 매입 계약이 체결되면 사업자등록을 신청하는 것이 일반적입니다.

왜냐하면 사업자대출을 받을 경우 사업자등록증의 제출이 필요하고 부동산의 매입과 건물의 수리 과정에서 법무사나 중개사 및 인테리어 업체들에게 수수료를 지급하고 세금계산서나 현금영수증 등의 매입 증빙을 발급받아야 하기 때문입니다. 물론 사업자등록 전에 세금계산서를 교부받는 경우에는 사업자등록번호 대신 주민등록번호로 발급받는 것도

인정됩니다.

추가적으로 부동산매매업의 재고자산인지 여부 판단시 사업자등록을 한 이후에 매입한 부동산은 매매사업용 재고자산으로 판단하기에 조금 유리하다고 보기 때문에 낙찰이 확정되거나 매입계약이 체결되면 바로 사업자등록을 하는 것이 좋습니다. 다만, 부동산매매업의 재고자산인지와 사업성이 있는지 여부는 사업자등록을 언제 했는지 여부보다는 거래 횟수, 매매행태 등을 고려하여 종합적으로 판단하기 때문에 절대적인 기준이 되지 않습니다.

그리고 아직 부동산의 매입 계약이 되지 않았고 입찰을 준비 중이거나 매물을 검토 중인 과정에서 사업자등록을 하는 것도 가능합니다. 다만 이런 경우에는 실제 해당 사업을 영위하는지에 대해 세무서에서 추가적인 확인을 하는 경우가 있습니다.

□ 일반/간이/면세사업자

사업자등록중의 사업자 유형에서 일반과세와 간이과세 그리고 면세 중에 선택해야 하는데 부동산매매업은 간이과세 배제 업종이므로 간이과세는 선택하면 안 됩니다.

부가가치세 면세 재화에 해당하는 85㎡ 이하의 주택이나 토지만 매매할 계획인 경우에는 면세로 선택을 하면 됩니다.

그 외에 부가가치세 면세인 부동산과 과세인 부동산을 모두 매매할 계획인 경우이거나 매매할 부동산이 과세일지 면세일이 미정인 경우에는 일반과세로 선택을 하면 됩니다.

일반과세로 사업자등록을 하고 실제로 매매는 면세인 부동산만을 거래하는 경우애는 부가가치세 신고의무는 있습니다. 그러나, 면세 재화 공급으로 납부할 부가가치세는 없고 면세 사업 관련 매입으로 공제받을 매입세액도 없으므로 부가가치세 납부 측면에서 면세로 사업자등록을 하는 것과 차이가 없습니다.

□ 사업장소재지

사업장소재지는 개인사업자의 경우 업무를 총괄하는 장소가 사업장이 되고 법인은 법인등기부상의 소재지가 사업장이 됩니다. 개인 부동산매 매업 중 비주거용 건물 신축판매를 하는 경우는 공사 관리와 분양업무 등 을 위해 별도의 사무실을 두는 경우가 있습니다.

그러나 부동산매매업 중 경매 등을 통해 부동산을 매입하여 재판매하 는 경우에는 직원이 없고 별도의 상주 사무실도 없는 경우가 일반적이므 로 자택을 사업장 소재지로 신고하여도 무방합니다. 업무상 편의를 위해 별도의 비상주 사무실을 임차하여 사용하는 경우도 있으며 이런 경우는 해당 비상주 사무실을 사업장소재지로 정하면 됩니다.

실무적으로는 사업장소재지를 자택으로 하는 경우가 많은 편입니다.

□ 업종코드

업종란에는 업태와 종목 그리고 업종코드를 입력하도록 되어 있습니 다. 업종분류는 한국표준산업분류에 따른 것으로 부동산매매업 관련 업 종의 대분류는 부동산업이고 세분류는 '부동산 개발 및 공급업'에 해당하 며 다음의 표와 같습니다.

업종코드에 기재된 단순경비율과 기준경비율은 장부작성을 하지 않고 추계 방식인 경비율로 신고하는 경우에 적용되는 것입니다.

부동산매매업 중에 부동산을 매입하여 재판매를 하는 경우에는 해당 부동산이 주택이라면 703011(주거용 건물 개발 및 공급업)을 선택하고 비주거용 건물인 경우는 703014(비주거용 건물 개발 및 공급업)를 선택하면 됩니다.

업종에 주업종과 부업종을 선택하게 되는데 하나의 업종만 할 경우 주업종으로 하면 되고 주거용, 비주거용 모두 매매를 할 계획인 경우 둘 중에 매매금액이 보다 많을 것으로 예상되는 업종을 주업종으로 선택을 하고 나머지를 부업종으로 하면 됩니다.

토지보유 기간에 따라 코드가 달라지기도 하는데 토지보유 기간은 토지 취득일로부터 건축물의 사용승인서 교부일까지의 기간을 의미합니다. 부동산을 매입하여 재판매하는 경우에는 단기매매 위주이므로 토지보유기간 5년 이상의 업종에 해당하지 않습니다.

토지의 보유 기간이 5년 이상인 경우는 부동산매매업 중 본인 토지에 비주거용 건물 신축판매를 하는 등의 경우에나 적용 가능할 것입니다. 그리고 토지 보유기간 5년을 기준으로 코드를 나눈 것은 추계 신고시 경비율 적용을 달리하기 위한 것으로 추계 신고가 아닌 경우에는 큰 의미가 없습니다.

[국세청 업종분류 및 경비율]

코드 번호	세분류	세세분류	단순 경비율	기준 경비율
703011	부동산 개발 및 공급업	주거용 건물 개발 및 공급업	82.1	12.2
	○ 직접 건설활동을 수행하지 않고 전체 건물 건설공사를 일괄 도급하여 주거용 건물을 건설하고, 이를 분양·판매하는 산업활동을 말한다. 구입한 주거용 건물을 재판매하는 경우도 포함한다.(토지보유 5년 미만)			
	〈제 외〉* 토지보유 5년 이상(→703012)			
703012	부동산 개발 및 공급업	주거용 건물 개발 및 공급업	70.0	11.6
	○ 주거용 건물 매매업(토지보유 5년 이상) - 구입한 주거용 건물 재판매			
	〈제 외〉* 토지보유 5년 미만(→703011)			
703014	부동산 개발 및 공급업	비주거용 건물 개발 및 공급업	82.1	14.0
	○ 직접 건설활동을 수행하지 않고 전체 건물 건설공사를 일괄 도급하여 비주거용 건물을 건설하고, 이를 분양·판매하는 산업활동을 말한다. 구입한 비주거용 건물을 재판매하는 경우도 포함한다.(토지보유 5년 미만)			
	〈제 외〉 * 토지보유 5년 이상(→703016) * 토지보유 5년 미만(도급건설판매)(→703021) * 토지보유 5년 이상(도급건설판매)(→703022) * 토지보유 5년 미만(건축 시행사)(→703023) * 토지보유 5년 이상(건축 시행사)(→703024)			
703015	부동산 개발 및 공급업	기타 부동산 개발 및 공급업	82.1	10.9
	○ 택지, 농지 및 농장, 공업용지 등 각종 용도의 토지 및 기타 부동산을 위탁 또는 자영 개발하여 분양·판매하는 산업활동을 말한다. 구입한 토지를 재판매하는 경우도 포함한다.(토지보유 5년 미만)			
	〈예 시〉 · 농지개발 분양·판매 · 용지개발 분양·판매 · 토지개발 분양·판매 · 광산용지 개발 판매 〈제 외〉 · 묘지 분양(701700) * 토지매매(토지보유 5년 이상)(→703017)			

703016	부동산 개발 및 공급업	비주거용 건물 개발 및 공급업	70.0	14.3
	○ 비주거용 건물 매매업(토지보유 5년 이상) - 구입한 비주거용 건물을 재판매			
	〈예 시〉 · 상가 개발 공급(분양) · 휴양시설 개발 공급(분양)			
703017	부동산 개발 및 공급업	기타 부동산 개발 및 공급업	70.0	10.0
	○ 각종용도의 토지매매업(토지보유 5년 이상) * 각종 용도의 토지 및 기타 부동산을 위탁 또는 자영 개발하여 분양,재판매,구입 한 토지를 재판매하는 경우도 포함 · 간척지개발, 농지분양판매, 관광농지개발분양, 광업권매매, 농장개발분양			
703021	부동산 개발 및 공급업	비주거용 건물 개발 및 공급업	85.6	20.5
	○ 비주거용 건물을 건설하여 판매(토지보유 5년 미만) - 직접 건설활동을 수행하지 않고 건설공사 분야별로 도급을 주어 전체적으로 건설공사를 관리하는 경우 포함			
703022	부동산 개발 및 공급업	비주거용 건물 개발 및 공급업	83.1	19.7
	○ 비주거용 건물을 건설하여 판매(토지보유 5년 이상) - 직접 건설활동을 수행하지 않고 건설공사 분야별로 도급을 주어 전체적으로 건설공사를 관리하는 경우 포함			

□ 홈택스 사업자등록

홈택스를 통해 사업자등록 신청을 하는 절차를 살펴보겠습니다.

① 국세청 홈택스(https://hometax.go.kr)에서 간편인증 또는 공동·금
   융인증서 로그인을 합니다. 메뉴 [국세증명·사업자등록 세금관련
   신청/신고] → [사업자등록 신청·정정·휴폐업] → [개인 사업자등
   록 신청]을 선택합니다.

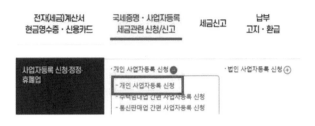

② 인적사항 기재 및 사업특성 선택사항에 예/아니오 선택을 합니다.
   (단독사업으로 본인 자택을 사업장으로 선택한 경우)

휴대전화번호	선택 ▾ - ☐ - ☐	☐ 수신동의	사업장전화번호	☐ - ☐ - ☐
전자메일주소	☐ @ ☐ 직접입력 ▾	☐ 수신동의	자택전화번호	☐ - ☐ - ☐

사업특성 선택사항 ※ 선택한 내용에 따라 다음 화면의 작성할 내용이 달라집니다.

O 해당사항만 변경하세요.

1. 공동사업인가요?	도움말	○ 예 ⦿ 아니오
2. 사업장(가게, 사무실 등)이 타인의 소유인가요?	도움말	○ 예 ⦿ 아니오
3. 사업장 주소가 본인 주민등록 주소지와 동일한가요?		⦿ 예 ○ 아니오
4. 창업자 멘토링서비스를 받으시겠어요?	도움말	○ 예 ⦿ 아니오
5. 유흥업소 인가요?	도움말	○ 예 ⦿ 아니오
6. 통신판매(전자상거래, 해외직구대행 등)를 하실건가요?		○ 예 ⦿ 아니오
7. 중기/화물운송 사업자인가요?		○ 예 ⦿ 아니오
8. 국세관련 우편수령장소를 사업장이 아닌 다른 주소로 지정하시겠습니까?	도움말	○ 예 ⦿ 아니오

③ 상호명과 개업일자를 기입합니다. 자기자금, 타인자금은 필수입력 사항은 아니고 대략적인 금액을 적습니다. 종업원은 없는 경우 0명으로 합니다.

④ 업종코드를 입력하고 사업자유형 등을 선택합니다. (주거용 매매를 주업종으로 비주거용 매매를 부업종으로 하는 경우의 예시)

⑤ 제출서류를 선택합니다. 첨부할 서류가 있는 경우 PDF나 이미지 파일로 추가 업로드 합니다. 부동산매매업의 경우, 별도 사업장을 임차하는 경우에는 임대차계약서를 첨부하고 동업인 경우 동업계약서를 작성하여 제출하고 그 외에 첨부할 서류는 없습니다.

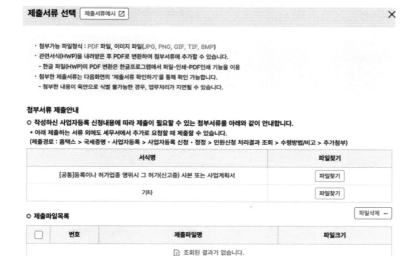

■ 부가가치세법 시행규칙 [별지 제4호서식] <개정 2015.3.6.>

홈택스(www.hometax.go.kr)에서도
신청할 수 있습니다.

사업자등록 신청서(개인사업자용)
(법인이 아닌 단체의 고유번호 신청서)

※ 사업자등록의 신청 내용은 영구히 관리되며, 납세 성실도를 검증하는 기초자료로 활용됩니다.
　아래 해당 사항을 사실대로 작성하시기 바라며, 신청서에 본인이 자필로 서명해 주시기 바랍니다.
※ [ ]에는 해당되는 곳에 √표를 합니다.

(앞쪽)

접수번호		처리기간	3일(보정기간은 불산입)

1. 인적사항

상호(단체명)		전화번호	(사업장)
성명(대표자)			(자택)
			(휴대전화)
주민등록번호		FAX번호	
사업장(단체) 소재지			층　　호

2. 사업장 현황

업 종	주업태		주종목		주생산 요소		주업종 코드		개업일	종업원 수
	부업태		부종목		부생산 요소		부업종 코드			

사이버몰 명칭		사이버몰 도메인	

사업장 구분	자가 면적	타가 면적	사업장을 빌려준 사람 (임 대 인)			임대차 명세		
			성 명 (법인명)	사업자 등록번호	주민(법인) 등록번호	임대차 계약기간	(전세) 보증금	월세
	㎡	㎡				~ ． ． ．	원	원

허가 등 사업 여부	[ ]신고　　[ ]등록 [ ]허가　　[ ]해당 없음	주류면허	면허번호	면허신청
				[ ]여 [ ]부

개별소비세 해당 여부	[ ]제조　　[ ]판매　　[ ]입장　　[ ]유흥

사업자금 명세 (전세보증금 포함)	자기자금	원	타인자금	원

사업자 단위 과세 적용 신고 여부	[ ]여　　　[ ]부	간이과세 적용 신고 여부	[ ]여　　　[ ]부

전자우편주소		국세청이 제공하는 국세정보 수신동의 여부	[ ]동의함 [ ]동의하지 않음

그 밖의 신청사항	확정일자 신청 여부	공동사업자 신청 여부	사업장소 외 송달장소 신청 여부	양도자의 사업자등록번호 (사업양수의 경우에만 해당함)
	[ ]여 [ ]부	[ ]여 [ ]부	[ ]여 [ ]부	

210mm×297mm[백상지 80g/㎡ 또는 중질지 80g/㎡]

② 장부작성

앞서 Ⅱ.4장에서 모든 사업자는 일부 경우를 제외하고는 장부작성 의무가 있으며 부동산매매사업자의 경우에는 매매사업용 부동산을 재고자산으로 기록하기 위해서 복식부기로 장부를 작성해야 한다는 것을 살펴보았습니다.

본 장에서는 복식부기로 장부작성을 하는 방식과 매매사업자들의 관심이 큰 경비처리 부분에 대해 세부적으로 살펴보도록 하겠습니다.

장부작성시 순이익은 회계기준에 따른 수익에서 비용을 차감하는 방식으로 계산이 됩니다. 그에 반해 사업소득금액은 세법상의 총수입금액에서 필요경비를 차감하여 계산됩니다. 중요한 것은 세법과 회계기준에 차이가 있다는 것입니다.

즉, 세법의 총수입금액과 회계기준의 수익이 다르고 세법의 필요경비와 회계기준의 비용이 다르다는 것이고 결국 세법상의 사업소득 이익인 사업소득금액과 회계상의 당기순이익이 차이가 발생하게 됩니다.

따라서 회계기준에 따라 이익을 계산하고 세법과의 차이를 조정을 하여 세법상 사업소득금액을 산출하게 되며 이를 세무조정이라고 합니다.

[회계 vs 세무상 손익 조정 과정]

구분		항목
회계기준		수익
	(-)	비용
	=	당기순이익
세무조정	(+)	총수입금액 산입
		필요경비 불산입
	(-)	총수입금액 불산입
		필요경비 산입
세법	=	사업소득금액

예를 들어, 회계상으로는 접대비(업무추진비)는 전액 비용으로 인식을 하면 됩니다. 그러나 세법에서는 접대비 전액을 필요경비로 인정하지 않고 일정한 한도 이내의 금액만을 인정하고 그 초과하는 금액에 대해서는 필요경비로 인정하지 않습니다. 따라서 회계상의 당기순이익에서 접대비 한도초과액을 필요경비 불산입 항목으로 가산하는 세무조정이 필요하게 됩니다.

□ 회계처리 및 재무제표

개인사업자가 복식부기로 회계처리를 하는 경우, 재무상태표와 손익계산서가 종합소득세 신고서에 첨부되어야 합니다. 재무상태표는 연말 시점을 기준으로 자산, 부채, 자본의 상세내역을 표시하게 되어 있고 손익계산서는 1년간의 수익과 비용을 매출, 매출원가, 판매관리비, 영업외손익으로 구분하여 표시하도록 되어 있습니다.

재무상태표와 손익계산서의 주요 구성항목 위주로 살펴보면 아래와 같습니다.

[주요 자산, 부채 항목]

자산 항목	부채 항목
Ⅰ. 유동자산	Ⅰ. 유동부채
1. 당좌자산	1. 단기차입금
2. 재고자산	2. 매입채무
Ⅱ. 비유동자산	3. 선수금
1. 투자자산	4. 미지급금
2. 유형자산	5. 기타
3. 무형자산	Ⅱ. 비유동부채
4. 기타 비유동자산	1. 장기차입금
	2. 장기매입채무
	3. 장기선수금
	4. 임대보증금
	5. 기타

자산과 부채가 유동과 비유동으로 구분된 것을 알 수 있는데 1년 이내에 현금화가 되거나 만기가 1년 이내면 유동자산과 유동부채로 분류를 하게 됩니다.

법인의 경우 자본 항목은 발행주식의 액면금액인 자본금과 자본거래로 발생한 자본잉여금 및 손익거래에서 발생한 이익잉여금 등으로 나누어지나 개인사업자의 경우 자본금은 사업관련 자산에서 부채를 차감한 금액이 됩니다.

[손익계산서]

Ⅰ. 매출액

   1. 상품매출

Ⅱ. 매출원가

   1. 상품매출원가

Ⅲ. 매출총이익 (Ⅰ - Ⅱ)

Ⅳ. 판매관리비

   1. 급여
   2. 복리후생비
   3. 여비교통비

   4. 통신비

   5. 보험료

   6. 세금과공과

   7. 수선비

   8. 접대비

   9. 차량유지비

   10. 지급수수료

   11. 기타

Ⅴ. 영업손익(Ⅲ - Ⅳ)

Ⅵ. 영업외수익

   1. 이자수익

   2. 유형자산처분이익

   3. 기타

Ⅶ. 영업외비용

   1. 이자비용

   2. 유형자산처분손실

   3. 기타

Ⅷ. 당기순이익(Ⅴ - Ⅵ - Ⅶ)

회계적인 지식이 부족한 경우에는 설명만으로 이해가 어려우니 아래 예시의 부동산 매매사업자가 1건의 부동산을 매매한 경우로 복식부기 장부작성 및 손익계산서와 재무상태표의 산출 과정을 간략히 살펴보겠습니다.

예시

- 01년 10월 사업자통장에 1억 5천만원을 입금
- 01년 10월에 경매에 입찰보증금 3천만원을 납부하였고 85㎡이하 주택을 낙찰
- 01년 11월 잔금 2억 7천만원을 완납하였고, 이중 2억원은 은행 대출을 받음
- 01년 12월에 대출이자 1백만원과 도배, 장판, 싱크대 교체로 5백만원 발생
- 02년 2월에 주택을 3억 3천만원에 매도 계약을 하고 계약금 3천만원 받음
- 02년 3월에 주택 잔금 3억원을 받고 대출금 2억원을 상환하였음
- 02년 3월까지 매달 이자비용 1백만원 발생
- 02년 3월에 중개수수료 150만원 지급

위의 01년도 거래를 복식부기로 장부작성을 하면 다음과 같습니다.

[01년 회계처리]

날짜	대변		차변	
	계정과목	금액	계정과목	금액
01년 10월	보통예금	150,000,000	자본금	150,000,000
	선급금	30,000,000	보통예금	30,000,000
01년 11월	보통예금	200,000,000	단기차입금	200,000,000
	상품	300,000,000	보통예금	270,000,000
			선급금	30,000,000
01년 12월	수선비	5,000,000	보통예금	6,000,000
	이자비용	1,000,000		

위의 회계처리가 결산과정을 거쳐 아래의 손익계산서와 재무상태표가 산출됩니다.

[01년 손익계산서]

항목	금액
Ⅰ. 매출액	
1. 상품매출	-
Ⅱ. 매출원가	
1. 상품매출원가	-
Ⅲ. 매출총이익 (Ⅰ - Ⅱ)	-
Ⅳ. 판매관리비	
1. 수선비	5,000,000
Ⅴ. 영업손실(Ⅲ - Ⅳ)	(-)5,000,000
Ⅵ. 영업외수익	
Ⅶ. 영업외비용	
1. 이자비용	1,000,000
Ⅷ. 당기순손실(Ⅴ - Ⅵ - Ⅶ)	(-)6,000,000

당해연도 비용으로 수선비와 이자비용을 반영하여 6백만원 손실로 기록되고 세무조정 항목이 없다면 해당금액은 세무상 결손금이 되어 다른 소득과 통산되거나 내년으로 이월됩니다.

[01년 12월말 재무상태표]

자산	금액	부채	금액
Ⅰ. 유동자산		Ⅰ. 유동부채	
1. 당좌자산		1. 단기차입금	200,000,000
① 보통예금	44,000,000	2. 매입채무	
2. 재고자산		Ⅱ. 비유동부채	
① 상품	300,000,000	1. 장기차입금	
Ⅱ. 비유동자산		**부채 합계**	200,000,000
1. 투자자산		**자본**	**금액**
2. 유형자산		자본금	144,000,000
자산 합계	344,000,000	**부채 + 자본 합계**	344,000,000

    재무상태표를 보면 매매사업자용으로 취득한 부동산 3억원은 상품으로 재고자산에 등재되어 있음을 확인할 수 있습니다. 동일한 부동산의 취득일지라도 부동산매매업의 판매용 부동산은 재고자산으로 분류되지만 그 외 업종의 부동산 취득은 사업용 고정자산에 해당하고 비유동자산인 유형자산으로 계상되는 차이가 있습니다.

    다음연도인 02년도 거래를 복식부기로 장부작성을 하면 다음과 같습니다.

[02년 회계처리]

날짜	대변		차변	
	계정과목	금액	계정과목	금액
02년 1월	이자비용	1,000,000	보통예금	1,000,000
02년 2월	이자비용	1,000,000	보통예금	1,000,000
	보통예금	30,000,000	선수금	30,000,000
02년 3월	보통예금	300,000,000	상품매출	330,000,000
	선수금	30,000,000		
	상품매출원가	300,000,000	상품	300,000,000
	단기차입금	200,000,000	보통예금	200,000,000
	이자비용	1,000,000	보통예금	1,000,000
	지급수수료	1,500,000	보통예금	1,500,000

위의 회계처리가 결산과정을 거쳐 아래의 손익계산서와 재무상태표가 산출됩니다.

[02년 손익계산서]

항목	금액
Ⅰ. 매출액	
1. 상품매출	330,000,000
Ⅱ. 매출원가	
1. 상품매출원가	300,000,000
Ⅲ. 매출총이익 (Ⅰ - Ⅱ)	30,000,000
Ⅳ. 판매관리비	
1. 지급수수료	1,500,000
Ⅴ. 영업이익(Ⅲ - Ⅳ)	28,500,000
Ⅵ. 영업외수익	
Ⅶ. 영업외비용	
1. 이자비용	3,000,000
Ⅷ. 당기순이익(Ⅴ - Ⅵ - Ⅶ)	25,500,000

당해연도 부동산매매로 발생한 3천만원의 이익에 중개수수료와 이자
비용을 차감하여 당기순이익은 25,500,000원으로 되고 전년도 자본금에
서 올해 발생한 당기순이익을 가산한 169,500,000원이 02년말 자본이 되
어 있음을 알 수 있습니다.

[02년 12월말 재무상태표]

자산	금액	부채	금액
Ⅰ. 유동자산		Ⅰ. 유동부채	
1. 당좌자산		1. 단기차입금	
① 보통예금	169,500,000	2. 매입채무	
2. 재고자산		Ⅱ. 비유동부채	
① 상품		1. 장기차입금	
Ⅱ. 비유동자산		**부채 합계**	-
1. 투자자산		**자본**	**금액**
2. 유형자산		자본금	169,500,000
자산 합계	169,500,000	**부채 + 자본 합계**	169,500,000

단, 본 사례의 경우는 복식부기 장부작성과 재무상태표 및 손익계산서
산출 과정을 단순하게 보여 주기 위하여 1건의 부동산 거래만 있다고 가
정하였으나 실제로 1년에 매도 1건의 거래밖에 없는 경우라면 매매사업
자로 인정을 받기 어려울 것입니다.

□ 유형별 경비처리

본 장에서는 매매사업자에게 발생하는 비용을 위주로 세법상 필요경비의 인정이 어떻게 되는지 살펴보겠습니다. 부동산매매업의 장점 중에하나가 양도소득세 대비 필요경비 인정 범위가 넓다는 것인데 어느 정도까지 필요경비 인정이 되는지는 부동산매매사업자 분들이 가장 궁금해하는 부분이기도 합니다.

모든 비용에 공통적으로 적용되는 것은 부동산매매업 업무와 관련된비용만 필요경비로 인정이 되므로 업무무관하게 개인적, 가사용으로 지출된 것은 사업과 무관한 비용이므로 당연하게도 필요경비 인정이 되지않는다는 것입니다.

이하 각 비용 항목에 대해 세부적으로 살펴보겠습니다.

1) 매입부대비용

상품인 부동산의 매입가격과 그 부대비용은 재고자산으로 회계처리하고 향후 판매 시점에 매출원가로 필요경비 처리가 됩니다. 매입부대비용은 매입과정에서 발생하는 취득세와 각종 취득 관련 제세금과 법무사비용 및 중개수수료 등이 포함됩니다.

따라서, 동일한 중개수수료라도 매입시 발생하는 것은 매입부대비용으로 재고자산에 가산되고 추후 매도시 매출원가로 필요경비 처리되나 매도 중개수수료는 지급수수료 항목으로 필요경비 처리가 되는 것입니다.

2) 수선비

부동산매매사업자는 매입한 부동산을 수리하여 건물의 가치를 더 높여 판매하는 경우가 많습니다. 이때 발생하는 수선비는 모두 당해연도의 필요경비로 처리하게 됩니다. 양도소득세는 수선비 중 자본적지출에 해당하는 항목만 필요경비로 산입하고 수익적지출은 필요경비로 인정을 하지 않는다는 점에 차이가 있습니다.

그리고 부동산매매사업자가 아닌 일반 사업자가 매입한 건물은 재고자산이 아닌 사업용 고정자산인 건물로 회계처리되기 때문에 수선비 중 자본적지출은 건물의 취득가액에 가산하여 내용연수에 따라 감가상각하고 수익적지출은 발생연도에 필요경비로 처리하게 되어 있어 모든 수선비는 당해연도에 즉시 필요경비로 처리하는 부동산매매업과 차이가 있습니다.

[수선비 처리 비교]

구분	부동산매매업 (재고자산)	일반 업종 (유형자산)	양도소득세
자본적지출	발생연도 필요경비	내용연수 동안 감가상각비	양도시점 필요경비
수익적지출	발생연도 필요경비	발생연도 필요경비	필요경비 불인정

매매사업자 중에는 인테리어 업체를 사용하지 않고 경비절약을 위해 직접 재료를 구매하여 셀프로 수선을 하는 경우가 있는데 이런 비용도 동일하게 수선비로 처리하게 됩니다.

3) 이자비용

세법에는 총수입금액을 얻기 위하여 직접 사용된 차입금에 대한 지급이자는 필요경비로 산입을 하도록 되어 있습니다. 따라서, 부동산매매업의 경우에도 부동산의 매입시에 일부 취득자금을 대출로 조달한 경우에는 이에 대한 이자비용은 당해연도의 필요경비로 처리가 됩니다.

추가적으로 유형자산의 매입, 건설하는 과정에서 발생하는 이자비용은 건설자금이자라고 하여 발생연도 비용으로 처리하지 않고 건물의 자본적지출로 산입하여 감가상각으로 비용처리를 합니다. 그러나, 부동산매매업의 부동산은 재고자산이므로 이자비용은 자본적지출로 하지 않고 발생연도의 비용으로 처리를 하게 됩니다.

소득46011-21175, 2000.09.27.
필요경비의 귀속연도는 필요경비가 확정된 날이 속하는 연도로 하는 것으로 사업과 관련된 차입금에 대한 지급이자는 약정에 의한 이자지급일(이자지급일의 약정이 없는 경우에는 그 이자지급일)이 속하는 연도의 필요경비로 하는 것임.

서면1팀-1387, 2005.11.15.
사업용고정자산의 매입·제작·건설에 소요된 차입금에 대한 지급이자는 건설자금이자로서 소득세법 제33조제1항제10호 및 같은 법 시행령 제75조의 규정에 의하여 당해연도의 필요경비에 산입하지 아니하고 자본적지출로 하여 당해 자산의 원본에 가산하는 것이나, 귀 질의의 판매목적으로 신축한 부동산매매용 건물은 재고자산으로서 동 건물의 건설에 소요된 차입금에 대한 지급이자는 같은 법 시행령 제55조제1항제13호의 규정에 의하여 당해연도의 필요경비에 산입하는 것임

이러한 차입금은 일반적으로 해당 부동산의 담보대출로 진행이 되는데 간혹 대출 규제나 신용도 등의 문제로 취득 부동산의 담보대출이 아닌 신용대출이나 다른 명목으로 대출을 받고 부동산 매입자금으로 사용하는 경우가 있습니다. 이러한 경우에도 마찬가지로 총수입금액을 얻기 위하여 직접 사용된 대출에 대한 이자비용은 업무용으로 인정이 될 수 있으

며 필요경비로 처리를 할 수 있습니다.

4) 여비교통비

부동산매매사업자는 부동산을 매입하는 과정에서 여러 지방의 현장을 직접 방문하거나 입찰에 참여하기 위해 출장을 가는 경우도 있는데 이때 발생하는 교통비나 숙박비 등은 필요경비로 처리가 가능합니다.

이는 다른 업종의 경우에도 동일한 것이며 중요한 것은 업무와 무관하게 개인적인 여행에 소요된 숙박비, 교통비 등은 사적인 지출이므로 당연히 필요경비로 인정이 안됩니다.

5) 차량유지비

부동산 물건 조사 및 입찰 방문 등으로 출장이 잦은 경우는 차량을 구입하거나 리스 또는 장기렌탈을 하는 경우도 있습니다. 차량의 구매와 관련 비용 및 보험료, 주유비, 자동차세 등이 차량유지비에 해당하여 필요경비 처리가 가능합니다.

그러나 차량을 실제로는 부동산매매업이 아닌 가사용이나 다른 직장으로 출퇴근을 하는 데 주로 사용된다면 업무무관 비용이므로 필요경비 처리가 되지 않습니다.

따라서, 차량운행기록부를 의무적으로 작성해야 하는 대상이 아니더라도 업무용으로 사용하였음을 입증하기 위해 작성을 해 두는 것이 좋습니다.

업무용 차량관련 비용은 고가의 차량을 매입하여 비용 처리하는 것을 방지하고자 전액 비용처리를 해 주는 것이 아니고 1년에 필요경비로 산입할 수 있는 연간 한도를 정하고 있습니다. 다만, 경차나 9인승 이상 승합차 등은 해당 규정의 적용을 받지 않습니다.

연간 한도로 감가상각비나 감가상각비 상당액은 연간 800만원이고 보험료, 주유비 등의 기타비용은 연간 700만원으로 합계 한도액은 연간 1,500만원입니다.

감가상각비와 감가상각비 상당액의 계산은 아래와 같이 하게 됩니다.

① 매입: 감가상각비 = 취득가액 / 5년
② 리스: 감가상각비 상당액 = 리스료 - 보험료 - 자동차세 - 수선유지비
③ 렌트: 감가상각비 상당액 = 렌트비 × 70%

6) 식비

직원들의 식비는 복리후생비로 필요경비 처리가 가능하나, 개인사업자의 대표자 식대는 사업소득의 필요경비로 인정이 되지 않습니다. 이는 부동산매매업을 하지 않더라도 개인사업자 대표의 식사비용은 발생하였을 것이기 때문입니다.

부동산매매업의 경우 직원을 고용하는 경우가 거의 없고 대표자 본인 식대는 필요경비 처리가 되지 않기 때문에 식사비용은 비용처리가 어렵습니다. 다만, 거래처 등과의 식사 목적의 접대비(업무추진비)는 비용처리가 가능하며 이는 접대비 부분을 참고하시기 바랍니다.

기획재정부 소득세제과-275, 2020.06.01.
개인사업자가 본인을 위해 사용한 중식대는 사업소득금액 계산시 소득세법 제27조에 따른 필요경비에 해당하지 않는 것임

7) 세금과공과

매입하는 과정에서 발생하는 제세공과금은 재고자산의 취득원가에 포함이 되어 매도시점에 매출원가로 필요경비 처리가 됨은 앞서 살펴보았고 부동산의 보유 중에 납부한 재산세나 종합부동산세도 사업과 관련된 제세공과금으로 당해연도의 필요경비로 인정됩니다.

다만, 벌금이나 과태료 등 법적 의무를 준수하지 않아 발생한 것은 필요경비로 산입할 수 없으므로 교통법규 위반으로 인한 과태료나 부동산실거래 신고 위반 등으로 인한 과태료 등은 필요경비로 인정되지 않습니다.

8) 명도비용

경매로 부동산을 낙찰받은 경우, 기존 임차인을 내보내는 명도비용이 발생하는 경우가 많습니다. 주로 양자간 합의로 이사비 명목 등으로 지급하는 경우가 많은 편입니다. 그리고 기존 소유자가 체납한 관리비 등도 대납을 하는 경우도 종종 있습니다.

그러나, 세무당국은 이러한 체납 관리비나 명도비용은 부동산매매업의 필요경비로 인정을 하지 않고 있음에 유의해야 합니다. 단, 아파트 등 집합건물 공용부분에 대한 체납 관리비의 구상권을 전소유주에게 행사하여도 받을 수 없는 경우에는 양도소득세도 필요경비로 인정을 하고 있고 부동산매매업의 경우도 인정이 되는 것이나 전용부분이나 연체료는 인정이 되지 않습니다.

9) 인건비

부동산매매사업자는 상시 고용직원을 채용하는 경우는 드물지만 물건 검색이나 현장 조사 및 입찰 등의 업무를 도와줄 임시 직원이나 프리랜서를 활용하는 경우가 있습니다. 그리고 인테리어나 수리를 하는 경우에 작업 인부를 고용하여 인건비가 발생하는 경우도 종종 있습니다.

이처럼 매매업의 업무와 관련된 인건비가 발생하였다면 필요경비로 처리가 가능합니다. 그러나, 실제로 일을 하지 않은 가족 등을 직원으로 등재하여 인건비를 처리하는 것은 당연히 업무무관 비용이므로 필요경비로 인정되지 않습니다.

직원을 고용하는 경우에는 근로 시간과 형태에 따라 4대 보험의 전부 및 일부 가입으로 비용이 추가로 발생하게 됨을 고려해야 합니다. 참고로 프리랜서의 경우는 직원이 아니라 프리랜서가 인적용역을 제공하는 개인사업자이므로 4대 보험의 가입이 필요하지 않습니다.

인건비가 발생하는 경우, 4대보험 가입이나 원천세 신고납부 업무 및 지급명세서 신고 등의 각종 신고가 필요하므로 세무대리인에게 즉시 알려줘야 합니다.

10) 기타 비용

(1) 지급임차료

본인 자택을 사업장으로 하지 않고 비상주 사무실 등을 임차하는 경우 월세가 발생하는데 세금계산서를 발급받고 필요경비 처리하면 됩니다.

참고로 본인이 거주하는 집을 사업장 소재지로 한 경우에 설령 월세로 거주하더라도 이는 가사경비로 보기 때문에 필요경비로 인정되지 않습니다.

(2) 교육훈련비, 도서비

부동산매매업과 관련된 교육비 등은 필요경비 처리가 가능합니다. 대표적으로 경매 관련된 다양한 온오프라인 강의나 업무관련 도서 구입비도 필요경비에 해당합니다. 단, 교육비가 업무와 관련이 없다면 필요경비로 인정되지 않습니다.

(3) 보험료

보유한 부동산을 화재보험 등에 가입한 경우에 발생한 보험료는 업무와 관련된 비용으로 필요경비 처리가 가능합니다만 본인 주택이나 사업과 무관한 다른 부동산에 대한 보험료 등은 필요경비 대상이 아닙니다.

(4) 복리후생비, 접대비(업무추진비)

직원들의 간식대, 경조사비, 명절선물 등은 복리후생비에 해당합니다. 직원이 아니라 업무상 만난 외부인들과의 식사나 거래처의 경조사비는 접대비에 해당합니다.

접대비는 연간 일정 한도 이내의 금액을 필요경비 처리하고 초과액은 필요경비로 인정되지 않습니다. 경조사비는 건당 20만원 이하의 금액으로 청첩장, 부고장 등이 증빙으로 인정됩니다.

다만, 부동산매매업의 경우 상근 직원이 없고 거래처나 외부활동이 많지 않은지라 복리후생비나 접대비가 많이 발생하지 않는 것이 일반적입니다.

(5) 감가상각비, 소모품비

사업용 유형자산은 내용연수 동안 감가상각을 하여 필요경비 처리를 하게 됩니다. 따라서 사업용 고정자산인 건물, 기계장치, 차량 등을 매입한 경우에는 감가상각비로 처리하게 됩니다.

부동산매매업의 판매용인 부동산은 재고자산이므로 감가상각비가 아니라 판매시에 매출원가로 필요경비 처리됩니다.

업무용 노트북이나 컴퓨터를 구매하는 경우가 있는데 이는 내용연수 동안 감가상각으로 필요경비 처리를 할 수도 있고 즉시상각 의제규정에 따라 구매한 연도에 소모품비용으로 전액을 즉시 비용처리를 하여도 필요경비로 인정이 됩니다.

지출증빙 관리

□ 지출증빙

사업자는 경비 지출시에 반드시 그 지출을 입증할 수 있는 증빙서류를 5년간 보관해야 합니다. 증빙이 없는 경우 가공경비로 보아 필요경비 인정을 받지 못할 수 있고 세법에서 정한 적격 지출증빙을 갖추지 못한 경우에는 가산세를 부과하고 있습니다.

사업자로부터 재화 또는 용역을 공급받고 건당 거래금액이 3만원을 초과하여 그 대가를 지급하는 경우에는 적격증빙에 해당하는 세금계산서, 계산서, 현금영수증, 신용카드매출전표를 수취하여 이를 보관하여야 합니다. 반대로 거래 건당 3만원 이하의 금액인 경우에는 간이영수증을 받아도 인정이 됩니다.

적격증빙을 유형별로 살펴보면,

1) 세금계산서

과세대상 재화 또는 용역 매입시에 수취하고 전자세금계산서나 종이

세금계산서를 받으면 됩니다.

2) 계산서

면세대상인 재화 또는 용역 매입한 경우에는 세금계산서가 아닌 계산서를 발급받아야 하며 전자계산서나 종이계산서를 받으면 됩니다.

3) 현금영수증

현금영수증은 소득공제용과 지출증빙용이 있는데 사업과 관련된 것이므로 소득공제용이 아닌 사업자등록 번호로 발급받는 지출증빙용 현금영수증을 받아야 함에 주의해야 합니다.

4) 신용카드매출전표

과세 및 면세인 재화, 용역 매입시에 신용카드로 결제를 한 경우에는 신용카드매출전표도 적격증빙으로 인정이 됩니다.

□ 수취의무 제외 대상

적격증빙은 사업자와의 거래에서 수취하는 것이므로 사업자가 아닌 개인과의 거래는 적격증빙 수취대상이 아닙니다. 따라서 해당 거래에 대한 지출을 증빙할 수 있는 서류를 수취하여 보관하고 금융기관을 이용하여 송금하고 송금증을 보관하면 됩니다. 예를 들어 사업자가 아닌 개인으로부터 중고 사무비품이나 중고차 등을 매입하는 경우에는 적격증빙 수취 대상이 아닙니다.

다음의 항목은 세법에서 적격증빙을 수취하지 않아도 되는 것으로 정한 것입니다.

소득세법 시행령 208조의2 및 시행규칙 95조의3

1. 재화 또는 용역의 거래 건당 금액(부가가치세를 포함한다)이 3만원 이하
2. 거래상대방이 읍·면지역에 소재하는 사업자(간이과세자 중 세금계산서 발급 불가 사업자)로서 「여신전문금융업법」에 의한 신용카드가맹점이 아닌 경우
3. 금융·보험용역을 제공받은 경우
4. 국내사업장이 없는 비거주자 또는 외국법인과 거래한 경우
5. 농어민(법인은 제외한다)으로부터 재화 또는 용역을 직접 공급받은 경우
6. 국가·지자체 또는 지자체조합으로부터 재화 또는 용역을 공급받는 경우
7. 비영리법인(수익사업 제외)으로부터 재화 또는 용역을 공급받은 경우
8. 프리랜서로부터 용역을 공급받은 경우(원천징수한 경우에 한한다)
9. 사업포괄양수도 의하여 재화를 공급받은 경우
10. 「부가가치세법」 제26조제1항제8호에 따른 방송용역을 공급받은 경우
11. 「전기통신사업법」에 의한 전기통신사업자로부터 전기통신역무
12. 국외에서 재화 또는 용역을 공급받은 경우(세관장이 세금계산서 또는 계산서를 교부한 경우를 제외한다)
13. 공매 경매 또는 수용에 의하여 재화를 공급받은 경우
14. 토지 또는 주택을 구입하거나 주택의 임대업을 영위하는 자(법인 제외)로부터 주택임대용역을 공급받은 경우
15. 택시운송용역을 공급받은 경우
16. 건물(토지를 함께 공급받은 경우에는 당해 토지를 포함하며, 주택을 제외)을 구입하는 경우로서 거래내용이 확인되는 매매계약서 사본을 과세표준확정신고서에 첨부하여 납세지 관할세무서장에게 제출하는 경우
17. 항공기의 항행용역을 제공받은 경우
18. 부가가치세 간주임대료의 부가가치세액을 임차인이 부담하는 경우
19. 재화 용역제공에 대가의 지급지연으로 인하여 연체이자를 지급하는 경우
20. 「유료도로법」 제2조제2호에 따른 유료도로 통행료를 지급받는 경우
21. 다음 각 목의 어느 하나에 해당하는 경우로서 공급받은 재화 또는 용역의 거래금액을 금융회사 등을 통하여 지급한 경우로서 과세표준확정신고서에 송금사실을 기재한 경비 등의 송금명세서를 첨부하여 납세지 관할세무서장에게 제출하는 경우
    가. 세금계산서 발급불가한 간이과세자로부터 받은 부동산임대용역
    나. 임가공용역을 공급받은 경우(법인과의 거래를 제외한다)
    다. 운수업을 영위하는 자(세금계산서 발급불가한 간이과세자)가 제공하는 운송용역을 공급받은 경우

라. 세금계산서 발급불가한 간이과세자로부터 재활용폐자원등 또는 재활용 가능자원을 공급받은 경우

마. 광업권, 어업권, 산업재산권, 산업정보, 산업상비밀, 상표권, 영업권, 토사석의 채취허가에 따른 권리, 지하수의 개발 이용권 그 밖에 이와 유사한 자산이나 권리를 공급받는 경우

바. 영세율이 적용되는 「항공법」에 의한 상업서류송달용역을 제공받는 경우

사. 공인중개업자에게 수수료를 지급하는 경우

아. 통신판매에 따라 재화 또는 용역을 공급받은 경우

부동산매매업의 경우에 실무적으로 자주 발생하는 항목 위주로 살펴보면,

1) 법무사, 중개사 등 수수료

부동산을 매입하는 과정에서 발생하는 법무사나 공인중개사 수수료를 지급할 경우에 세금계산서나 지출증빙용 현금영수증을 요구하여 발급받아야 합니다.

2) 건물 인테리어 공사

부동산의 매입 후 인테리어 사업자를 통해 공사를 하는 경우가 있는데 적격증빙을 수취해야 합니다. 실무적으로 공사업체에서 발급을 해 주지 않는 경우가 종종 있는데 이런 경우에는 공사 견적서와 송금증 등을 갖추어 실제 공사내역이 확인된다면 필요경비로 인정될 수 있습니다. 그러나 이 경우에도 적격증빙을 수취하지 않았기 때문에 증빙불비가산세 2%는 부담을 하게 됩니다.

3) 이자비용

금융기관 대출은 금융용역 제공에 해당하므로 이자비용을 지급한 것은 적격증빙 수취대상이 아닙니다. 비용처리를 위해서는 해당 금융기관 홈페이지에서 대출이자납입내역서 등을 발급하여 증빙을 하면 됩니다.

4) 세금과 공과

부동산을 취득할 때 취득세, 인지대 등이 발생하고 보유하는 동안에 재산세, 종합부동산세 등이 발생하게 되는데 납입영수증을 보관해야 합니다.

5) 거래처 경조사비

거래처의 경조사에 화환대는 사업자와의 거래이므로 적격증빙을 수취하여야 합니다. 단, 축의금이나 조의금 등 현금으로 지급하는 것은 적격증빙을 수취할 수 없으므로 건 당 20만원 이하의 축의금이나 조의금은 청첩장과 부고장을 증빙으로 합니다.

6) 여객운송용역

택시, 고속철도, 항공권은 영수증 발급대상으로 적격증빙 수취의무가 없습니다. 대부분 카드결제가 가능하지만 카드결제를 하지 않아도 영수증이 있으면 필요경비 처리가 됩니다.

7) 기타 식비, 교육비, 도서비, 복리후생비, 소모품비 등 각종 지출

1건의 거래금액이 3만원 이하인 경우 적격증빙을 수취하여야 할 의무는 없으나 간이영수증은 수취해야 합니다. 3만원을 초과한 거래인지 여부의 판단은 거래 1건별 영수증의 금액(부가가치세 포함)을 기준으로 판단하게 됩니다.

□ 증빙 보관방법 및 가산세

지출 증빙은 확정신고기간 종료일부터 5년간 보관하여야 하므로 개인사업자가 01년도에 지출한 비용에 대한 증빙은 02년 5월로부터 5년간인 07년 5월까지 보관해야 합니다.

증빙을 수취 보관하는 방법은 세금계산서나 계산서의 경우 종이로 발급받은 것은 종이로 보관하되 전자세금계산서나 전자계산서는 홈택스에서 확인이 되므로 별도로 출력 보관할 필요는 없습니다. 현금영수증도 지출증빙용으로 발급받은 것은 홈택스에서 조회되므로 별도로 출력보관을 안 해도 됩니다.

신용카드는 홈택스에 등록한 사업용 신용카드의 경우는 별도로 출력 보관하지 않아도 됩니다. 그러나 홈택스에 미등록한 신용카드로 업무관련 비용을 지출한 경우에는 건 별로 매출전표를 출력 보관해도 되지만 신용카드사에서 발급하는 월별 이용대금명세서를 보관해도 인정이 됩니다.

적격증빙 수취대상임에도 수취하지 않은 경우에는 그 거래금액의 100분의 2에 해당하는 금액을 가산세로 징수하도록 규정하고 있습니다. 단, 사업관련 지출로 인정이 되면 필요경비처리는 가능합니다.

물론 지출 거래 자체가 가공이거나 업무와 관련이 없다면 필요경비 자체가 당연히 인정이 되지 않습니다. 따라서, 적격증빙을 받지 못하여 가산세는 부과되더라도 필요경비 인정을 받을려면 해당 거래에 대해 객관적으로 입증될 수 있는 증빙서류(거래명세서, 송금증 등)를 확보하여 보관하여야 합니다.

□ 사업용 신용카드

사업용 신용카드는 개인사업자가 사업과 관련된 비용을 결제할 신용카드나 체크카드를 정하여 홈택스에 등록한 카드를 의미합니다.

사업용 신용카드의 등록은 법적인 의무사항은 아니지만 등록한 사업용 신용카드 사용내역을 홈택스에서 조회할 수 있고, 별도로 신용카드전표나 이용대금명세서를 보관할 필요가 없으며 부가가치세와 종합소득세 신고시에 보다 용이하게 업무를 처리할 수 있습니다.

사업용 신용카드는 기존에 사용하던 신용카드나 체크카드 중에 앞으로 사업용으로 사용할 카드를 정하여 등록하여 사용할 수도 있고 신규로 카드를 발급받아 등록해도 됩니다. 하지만 일반적으로 카드사에서 말하는 사업자카드와는 다른 것으로 사업자카드가 아니라도 일반 신용카드나 체크카드를 홈택스에 등록하면 그 카드가 사업용 신용카드가 되는 것입니다.

세무대리인이 세무기장을 하는 경우, 홈택스에 등록된 신용카드는 별도로 카드매출전표나 카드이용명세서를 전달해 줄 필요가 없습니다. 그러나 홈택스에 등록이 안된 신용카드를 사용한 경우에는 별도로 신용카드매출전표나 신용카드사에서 이용내역을 다운받아 전달해야 하는 번거로움이 있습니다. 따라서, 세무신고의 불편함을 줄이기 위해서라도 홈택스에 사업용 신용카드를 등록하고 등록한 카드로 업무관련 지출을 결제하는 것이 편리합니다.

사업용 신용카드는 최대 50장까지 등록이 가능하고 등록절차는 홈택스에 공인인증서 로그인 후 메뉴 [전자(세금)계산서 현금영수증 신용카드] 〉 [신용카드 매입] 〉 [사업용 신용카드 등록 및 조회]의 화면에서 등록을 하면 됩니다.

[홈택스 사업용 신용카드 등록 화면]

중요한 것은 등록한 사업용 신용카드는 사업과 관련된 지출만 결제를 해야 하나 부득이하게 업무와 무관한 개인적인 지출을 결제한 경우에는 부가가치세 신고나 장부작성 시에 이를 제외하여야 합니다.

반대로 홈택스에 사업용 신용카드의 등록을 늦게 하거나 미등록한 신용카드로 사업관련 지출을 결제한 경우에는 부가가치세 신고와 장부작성을 위해서 별도로 신용카드매출전표나 카드사용내역을 집계하여 신고 시 반영되도록 해야 합니다.

홈택스에 등록이 가능한 카드는 개인사업자 본인명의 카드만 등록이 가능하므로 간혹 직원이나 배우자 명의로 발급된 신용카드로 사업 관련 지출을 결제한 경우에는 별도로 해당 카드내역을 부가가치세와 장부작성시에 추가로 반영해야 합니다.

□ 사업용 계좌

사업용 계좌는 사업에서 발생한 수익의 입금과 비용의 출금이 이뤄지는 계좌를 말합니다. 법인은 개인과 별도의 존재이므로 법인통장을 만들면 해당 계좌가 사업용 계좌인 것이고 자동으로 국세청에 등록됩니다. 그러나 개인사업자는 개인명의 통장이기 때문에 사업용인지 아닌지를 구분하기 위해 사업용으로 사용할 계좌는 홈택스에 등록해야 합니다.

사업용 계좌는 금융기관의 사업자통장과는 다른 것으로 개인명의 일반통장 중에서 사업과 관련 거래는 해당 계좌를 통해서 입출금을 하겠다고 정하고 홈택스에 등록하면 해당 계좌가 사업용 계좌가 되는 것입니다.

이러한 사업용 계좌를 홈택스에 등록해야 하는 의무가 있는 사업자는 복식부기 의무자입니다. 부동산매매업의 경우 전년도 수입금액이 3억원 이상이면 복식부기 의무자에 해당하니 해당 기준이 충족되면 반드시 사업용 계좌를 등록하고 해당 계좌를 통해 사업관련 입출금을 해야 합니다. 홈택스에 등록해야 하는 기한은 복식부기 의무자에 해당하는 과세기간 개시일부터 6개월 이내로 정하고 있습니다.

제대로 부동산매매업을 운영했다면 전년도 매출이 3억원이 안되는 경우는 드물기 때문에 신규사업자가 아니라면 사업용 계좌를 등록해야 한다고 보면 됩니다. 그리고 등록의무가 없는 경우라도 사업관련 지출을 비용 회계처리 할 때 누락이 되지 않도록 하는 등의 관리 목적상 사업용 계좌로 정하여 사용하는 것이 좋습니다.

사업용 계좌 등록의무가 있음에도 미신고하거나 미사용하는 경우에는 아래의 가산세가 발생하게 되며 조세특례제한법상의 세액감면도 적용이 되지 않는 등 불이익이 있으니 필히 등록하여 사업용 계좌로 입출금을 하도록 해야 합니다.

1) 미신고 가산세 = Max [①, ②]
① 해당 과세기간의 수입금액 × 미신고기간/365(366) × 0.2%
② 거래대금, 인건비, 임차료 등 사용-대상금액의 합계액 × 0.2%

2) 미사용 가산세 = 미사용 거래대금 합계액 × 0.2%

[홈택스 사업용 계좌 등록 화면]

의뢰인	*의뢰인 주민등록번호	◉ 개인 ○ 사업자 □ 단체 _____ - _____ 확인
	*의뢰인 성명	
	*의뢰인 수임여부	○ 예 ○ 아니오 ❶ '아니오' 로 설정하시면 업무를 진행할 수 없습니다.

| 전화번호(휴대전화번호) | ___ - ___ - ___ |
| 이메일 | ___ @ ___   직접입력 ∨ |

※ 개인정보 유출 가능성을 사전 차단하기 위해 일부 정보를 마스킹(●●●●) 처리하였습니다. 해당 칸을 마우스로 클릭하면 입력된 정보를 확인할 수 있습니다.

신청내용

| * 계좌구분 | ◉ 사업용계좌   ○ 공익법인계좌 | 정보 공개여부 | ○ 여   ◉ 부 ❶ 정보 공개 대상 : 계좌번호 |
| 계좌번호 | ❶ 기 등록된 계좌가 많아 계좌 해지가 어려운 경우 해지가 필요한 계좌번호를 '-' 없이 전체를 입력하여 주시기 바랍니다. | | 조회 |

계좌추가 +   계좌삭제 —

□	계좌상태	계좌구분	은행명	계좌번호	등록일자	해지일자

《 맨처음 〈 이전   다음 〉 맨뒤로 》   총0건(1/1)

[취소]   [신청하기]

사업용 계좌는 기존에 사용하던 계좌 중에 선정을 해도 되며 하나의 사업장에 복수의 계좌를 등록해서 사용해도 됩니다.

  사업용 계좌 등록절차는 홈택스에 공인인증서 로그인 후에 메뉴 [국세증명 사업자등록 세금관련 신청/신고] 〉 [세금관련 신청·신고 공통분야] 〉 [사업용·공익법인 계좌 개설/조회] 〉 [사업용·공익법인 계좌 개설/해지]로 가면 아래의 화면에서 등록할 수 있습니다.

부가가치세 신고

앞서 Ⅱ.5에서 살펴본 바와 같이 부동산매매사업자 중에 면세사업자가 아닌 일반과세자로 사업자등록을 한 경우에는 연간 2회 부가가치세 신고 및 납부의무가 있습니다.

그리고 부동산을 임대하거나 공급하는 경우, 아래와 같이 부동산의 종류와 임대인지 공급인지에 따라서 면세와 과세로 구분이 됨을 살펴보았습니다. 따라서, 부동산매매사업자라도 국민주택규모 이하의 주택만 매매할 경우에는 면세로 사업자등록을 하면 부가가치세 신고는 할 필요가 없고 연 1회 사업장 현황신고만 하면 됩니다.

[부동산 임대와 공급시 부가가치세]

구분	임대	공급
토지	과세 (주택부수토지, 농지는 면세)	면세
주택	면세	과세 (국민주택규모 이하는 면세)
주택외 건물	과세	과세

이해를 돕기 위해 일반과세자인 매매사업자가 과세 물건인 오피스텔을 경매로 낙찰을 받고 이를 매도하는 과정에서 발생하는 부가가치세에 대해 아래의 예시로 살펴보겠습니다.

□ **예시**

1) 경매로 오피스텔 낙찰

2월에 오피스텔을 4억원에 경매 낙찰 받고 등기과정에 법무사수수료 1백만원(부가가치세 10만원 별도)을 납부하고 현금영수증을 발급받음

⇒ 경매로 인한 매입은 부가가치세에서 공급으로 보지 않으므로 부가가치세는 발생하지 않습니다. 법무사수수료를 지급하고 지출증빙용 현금영수증을 발급받으면 세금계산서가 아니라도 인정이 되며 소득공제용으로 발급을 받으면 안 됨에 유의해야 합니다.

2) 인테리어 비용 지출

3월에 건물 인테리어 공사비로 5백만원(부가가치세 50만원 별도)을 지급하고 세금계산서를 발급받음

⇒ 부가가치세 과세 대상인 오피스텔 건물과 직접적으로 관련된 매입세액은 전액 공제가 됩니다. 만약 오피스텔이 아닌 면세에 해당하는 85㎡ 이하인 주택이라면 면세 건물 관련 매입이므로 매입세액이 불공제처리 됩니다.

3) 오피스텔 매도

6월에 오피스텔을 4억 6천만원에 매도하여 잔금을 받고 계약서상에 건물과 토지에 대한 매매가액은 구분되지 않았으며 부가가치세에 대해 별도로 특약 등에 언급은 없음 (토지와 건물의 기준시가는 1.5억원으로 동일하다고 가정)

⇒ 토지 공급은 면세이고 건물 공급은 과세입니다. 별도로 토지와 건물의 가액이 구분되지 않았고 부가가치세에 대한 언급이 없으므로 총 거래대금에 포함된 것으로 봅니다. 이에 따라 건물분 공급가액은 아래 산식으로 안분하게 되며 건물분 공급가액의 10%인 21,904,761원의 부가가치세를 신고납부해야 합니다.

$$219,047,619 = 460,000,000원 \times \frac{150,000,000}{(150,000,000원+150,000,000+15,000,000)}$$

4) 이자비용 지급

오피스텔 매입시 은행에서 대출을 받았고 보유기간 중에 발생한 이자비용은 1백만원이 발생함

⇒ 이자비용은 금융용역으로 부가가치세가 면세이고 계산서 발급대상도 아니므로 부가가치세 신고와 무관합니다.

5) 일반 경비 지출

1월 - 6월 중에 아래의 일반관리비가 발생하였고 신용카드로 결제함
- 항공료, KTX : 30만원(부가가치세 3만원 별도)

- 경매교육 및 사이트이용료: 20만원(부가가치세 2만원 별도)
- 업무용 소모품비 구입: 50만원(부가가치세 5만원 별도)

⇒ 항공료, KTX 이용료는 영수증 발급 대상이므로 신용카드로 부가가 치세를 포함하여 결제하여도 부가가치세 3만원은 불공제 대상입니다. 그 외 교육비 및 소모품 구입 등은 업무 관련된 비용이고 신용카드 결제를 하였으므로 매입세액 공제 대상입니다. 다만, 예시의 사업자는 과세인 건물과 면세인 토지를 같이 공급하므로 공통매입세액은 안분계산하여 부가가치세 공제를 받습니다.

□ 공통매입세액 안분계산

과세수입과 면세수입이 함께 있는 경우, 과세 또는 면세사업과 직접 관련된 매입세액이면 과세사업 관련 매입세액은 전액공제를 하고 면세사업 관련 매입세액은 전액 불공제를 합니다.

다만, 실지귀속을 구분할 수 없는 경우에는 공통매입세액에 해당하고 면세관련 매입세액으로 불공제 할 금액은 아래의 산식에 따라 안분 계산합니다.

$$\text{면세관련 매입세액} = \text{공통매입세액} \times \frac{\text{면세공급가액}}{\text{총공급가액}}$$

예를 들어, 공통 일반관리비 성격의 비용에 대한 매입세액이 100만원 발생하였고 당해 과세기간의 면세공급가액 비율이 30%라면 70만원은 공제처리되고 30만원은 불공제처리가 되는 것입니다.

□ 부가가치세에 따른 수익성

거래상대방인 부동산 매수자가 과세사업자인 경우에는 건물분 부가가치세를 납부하더라도 환급을 받을 수 있기 때문에 부가가치세 납부에 대한 부담이 덜합니다. 하지만 매수자가 비사업자인 개인이거나 면세사업자인 경우에는 부가가치세 공제를 받지 못하므로 매매금액에 부가가치세가 포함된 것으로 하거나 매도자가 부가가치세를 부담하는 조건으로 하는 경우가 많습니다.

국민주택 규모를 초과하는 주택의 경우, 매수자의 입장에서는 굳이 부동산매매사업자와 거래하며 부가가치세를 부담할 이유가 없고 결국 부동산매매사업자와 거래를 하더라도 부가가치세는 부동산매매사업자가 부담하게 되어 수익성이 크게 떨어지게 됩니다.

따라서 이런 점을 고려하여 주택 거래를 해야 하고 부동산매매사업자의 경우 국민주택 규모 이하의 주택 거래를 선호하는 이유이기도 합니다.

그리고 사업의 포괄양수도에 해당하는 경우 세법에서 재화의 공급으로 보지 않아 부가가치세가 발생하지 않습니다. 그러나 부동산매매사업자가 부동산임대사업자에게 양도하는 경우에는 사업의 유형이 다르므로 포괄양수도가 적용되지 않고 설령 일시 임대를 하고 양도를 하는 경우에도 과세대상인 건물분 부가가치세는 발생하게 됨에 유의해야 합니다.

[부동산매매업인지 또는 부동산임대업의 포괄양도인지 여부]
수원지방법원-2008-구합-5880, 2008.11.17.
원고의 임대행위는 그 임대사업자등록의 형식에 불구하고 부동산매매사업활동의 일환으로서 행한 것이어서 이 사건 부동산의 양도는 부동산매매업자로서 특정재회를 공급한 것에 불과할 뿐 부동산임대사업의 포괄양도로 보기 어려움

□ 면세에서 과세사업을 추가하는 경우

부동산매매업 중 국민주택 규모 이하의 주택만을 매매하기 위해 면세 사업자로 등록을 하였다가 추후에 과세 대상인 상가나 오피스텔도 매매 사업용으로 매입하게 되는 경우가 있습니다. 이런 경우는 일반과세자로 전환신청을 해야 합니다.

홈택스 메뉴에서 [국세증명 사업자등록 세금관련 신청/신고] 〉 [사업자 등록 신청·정정·휴폐업] 〉 [개인 사업자등록 신청] 〉 [면세사업자의 과 세 겸업 사업자등록]의 아래 화면에서 신청을 하면 됩니다.

직전 면세사업자 사업자등록번호를 입력하고 변경할 사업자 유형을 선택하게 되는데 부동산매매업은 간이과세 대상이 아니므로 일반으로 선택하면 됩니다. 업종 선택에서 업종코드 703014(비주거용 건물 개발 및 공급업)을 추가로 신청하고 별도로 첨부할 서류는 없습니다.

□ 일시임대

부동산매매업의 재고자산인 부동산을 취득한 이후에 판매가 될 때까지의 기간 동안 공실로 두는 경우도 있으나 보유 기간 중 이자비용 등의 부담을 줄이기 위해 임대를 주거나 매입시 기존 임대차계약을 승계하는 경우도 있습니다.

부동산임대업의 임대용 부동산은 매도시 양도소득세 과세대상입니다. 이처럼 부동산매매사업자가 재고자산인 부동산을 임대하다가 매도를 하는 경우에 부동산매매업으로 보아 종합소득세로 과세가 될지 부동산임대업 부동산으로 보아 양도소득세로 과세될지는 중요한 사항입니다.

이에 대해 과세당국은 부동산의 임대가 일시적인 것인지 아닌지 여부로 판단을 하고 있습니다. 다만, 어느 정도의 기간이 일시적인지 여부는 명시하지 않고 사실관계에 따라 판단하는 것으로 정하고 있습니다.

실무적으로는 몇 개월 정도는 일시적인 것으로 보나 1년을 초과하는 기간이라면 과세당국이 사실관계를 종합적으로 판단하여 부동산임대업의 임대용 부동산으로 볼 경우 양도소득세 과세 문제로 과세당국과 분쟁이 발생할 여지가 있으니 유의해야 합니다.

서면1팀-472, 2007.04.11
[사업소득인지 양도소득인지 여부]
판매를 목적으로 취득(신축 포함)한 부동산을 일시적으로 임대하다가 판매하는 경우에는 부동산매매업에 해당하며, 임대목적으로 취득(신축 포함)한 부동산을 임대하다가 양도하는 경우에는 양도소득에 해당하는 것으로 부동산의 양도로 인하여 발생하는 소득이 양도소득에 해당하는지, 사업(부동산매매업)소득에 해당하는지 여부는 부동산의 취득 및 양도의 목적과 경위, 이용실태, 거래의 규모·빈도·계속성·반복성 등을 종합하여 사회통념에 비추어 사실판단할 사항임.

그리고 이와 같이 부동산매매사업자가 일시적으로 임대하여 발생한 소득은 부동산매매업의 사업소득이 아닌 부동산임대소득으로 분류됩니다.

부동산매매의 목적으로 취득한 부동산의 일시적 대여의 소득구분
서면인터넷방문상담1팀-1654, 2006.12.08.
부동산매매업자가 판매를 목적으로 취득한 토지 등의 부동산을 일시적으로 대여하고 얻는 소득은 부동산임대소득임.

⑤ 종합소득세 신고

앞서 Ⅱ.5에서 살펴본 바와 같이 부동산매매업의 경우, 재고자산인 부동산의 매매일이 속하는 달의 말일부터 2개월이 되는 날까지 토지등 매매차익 예정신고 및 납부를 해야 합니다. 그리고 납부한 금액은 다음 해 5월 종합소득세 신고시 기납부세액으로 차감됩니다.

부동산매매사업자의 토지등 매매차익 예정신고와 종합소득세 신고의 전체적인 과정을 예시를 통해서 살펴보겠습니다.

□ 토지등 매매차익 예정신고

직장을 다니며 부동산매매업을 운영하는 홍길동씨가 1년에 2건의 부동산을 매입하였고 같은 연도에 매도를 완료함

예시

[1차 매입/매도]
① 2월 주택을 3억원에 취득
　취득세와 취득부대비용으로 5백만원, 거실확장공사 1천만원, 도배/장판 및 싱크대 교체 5백만원이 발생
② 5월에 해당 주택을 3억 5천만원에 매도, 매도 중개수수료 3백만원 발생

[토지등 매매차익 예정신고 - 1차 매도]

산식	항목	금액
	매매가액	350,000,000
(-)	필요경비	300,000,000 + 5,000,000 + 10,000,000 + 3,000,000 = 318,000,000
(-)	장기보유특별공제	
=	토지등 매매차익	32,000,000
(+)	기신고된 매매차익 합계액	
=	토지등 매매차익(누계)	32,000,000
(×)	세율	
=	산출세액	32,000,000 × 15% - 1,080,000 = 3,720,000
(+)	가산세	
(-)	기납부세액	
=	납부할 총세액	3,720,000

    토지등 매매차익의 계산은 양도소득세의 양도차익 계산방식과 동일하므로 자본적지출인 거실확장공사비는 필요경비에 포함이 되나 도배/장판 및 싱크대 교체는 수익적지출이므로 필요경비에 반영되지 않습니다. 첫번째 매매시 발생한 차익 3천2백만원에 대해서는 3,720,000원을 납부하게 됩니다.

> **예시**
>
> [2차 매입/매도]
> ① 6월 주택을 5억원에 취득
> ② 취득세와 취득부대비용으로 7백만원 발생
> ③ 8월에 해당 주택을 5억 5천만원에 매도, 매도 중개수수료 3백만원 발생

[토지등 매매차익 예정신고 - 2차 매도]

산식	항목	금액
	매매가액	550,000,000
(-)	필요경비	500,000,000 + 7,000,000 + 3,000,000 = 510,000,000
(-)	장기보유특별공제	
=	토지등 매매차익	40,000,000
(+)	기신고된 매매차익 합계액	32,000,000
=	토지등 매매차익(누계)	72,000,000
(×)	세율	
=	산출세액	72,000,000 × 24% - 5,760,000 = 11,520,000
(+)	가산세	
(-)	기납부세액	3,720,000
=	납부할 총세액	7,800,000

토지등 매매차익 예정신고시 1년에 여러 건의 매매가 있는 경우 누계 방식으로 계산합니다. 두번째 매매시 발생한 매매차익 4천만원에 더하여 기존에 1차 매도시에 발생한 매매차익 3천2백만원을 합산한 누적된 매매차익을 기준으로 세율을 적용하여 세액을 산출합니다.

그리고 1차 매도시 납부한 세액은 기납부세액으로 차감하여 2차 매도시 납부할 세액은 7,800,000원이 됩니다. 참고로 상기에 산출된 세액은 국세이고 이에 대한 10%의 개인지방소득세를 지방자치단체에 신고 및 납부해야 합니다.

□ 사업소득금액 계산

부동산매매업 사업소득은 1년의 기간 동안 발생한 총수입금액에서 필요경비를 차감하여 산정됩니다. 사업소득금액의 계산 방식은 우선 회계상의 손익을 산출한 후 세법과의 차이를 가산하고 차감하는 세무조정 과정을 거쳐 산출됨은 살펴보았습니다.

토지등 매매차익 예정신고의 예시1과 2에 기술된 비용 외에 부동산매매업 관련 아래의 비용이 발생한 경우를 가정하여 사업소득금액이 어떻게 계산되는지 살펴보겠습니다.

[기타 부동산매매업 비용]
① 부동산의 보유과정에서 대출이자 5백만원 발생
② 출장비로 1백만원, 소모품 구입으로 2백만원을 지출
③ 부동산 재산세로 50만원, 화재보험료로 50만원을 납부

[손익계산서]

Ⅰ. 매출액	
1. 상품매출	900,000,000
Ⅱ. 매출원가	
1. 상품매출원가	812,000,000
Ⅲ. 매출총이익 (Ⅰ - Ⅱ)	88,000,000
Ⅳ. 판매관리비	
1. 여비교통비	1,000,000
2. 보험료	500,000
3. 세금과공과	500,000
4. 수선비	15,000,000
5. 소모품비	2,000,000
6. 지급수수료	6,000,000

판매관리비 소계	25,000,000
Ⅴ. 영업손익(Ⅲ - Ⅳ)	63,000,000
Ⅵ. 영업외수익	
Ⅶ. 영업외비용	
1. 이자비용	5,000,000
Ⅷ. 당기순이익(Ⅴ - Ⅵ - Ⅶ)	58,000,000

　복식부기 회계처리 과정을 거쳐 산출된 손익계산서는 위와 같습니다.

　토지등 매매차익 예정신고와 달리 사업소득금액 계산시에는 수익적지출 및 이자비용과 기타 일반관리비인 출장비, 보험료, 재산세, 소모품비도 필요경비로 인정이 됩니다.

　이에 따라 부동산매매업의 회계상 당기순이익은 5천8백만원으로 산출되고 위의 경우와 같이 추가적인 세무조정이 없다면 회계상 손익이 세법상 부동산매매업 사업소득금액이 되는 것입니다.

□ 종합소득세 신고

　일반적인 직장인들의 경우 연말정산으로 소득세 신고는 종료되지만 근로소득 외에 사업소득이나 기타 종합소득세 합산대상 소득이 있는 경우는 다음 해 5월에 종합소득세 신고를 해야 합니다.

　참고로 연말정산의 개념은 회사가 연중 급여를 지급할 때 간이세액표 등에서 정한 소득세를 미리 떼고 이를 국세청에 대신 납부를 하게 되는데 이를 원천징수라고 합니다. 이처럼 원천징수로 미리 뗀 소득세는 정확한 것이 아니므로 연말정산을 통해 각 근로자마다 소득공제 및 세액공제를 달리 적용하여 세금을 확정하고 최종 확정된 세금이 기존에 원천징수한 세금보다 많으면 연말정산으로 추가 납부를 하고 적으면 환급을 받게 됩니다.

근로소득이 있는 부동산매매사업자는 이러한 연말정산을 통해 1차적으로 세액을 확정하고 부동산매매업의 사업소득금액을 다시 근로소득과 합산하여 종합소득세를 산출하게 됩니다.

그리고 기납부한 토지등 매매차익 예정신고 납부세액과 연말정산시 1차 확정된 소득세는 기납부세액으로 차감을 하게 됩니다. 그 결과 산출된 종합소득세가 기납부세액보다 크다면 추가로 납부를 하고 적다면 환급을 받게 되는 구조입니다.

앞서 살펴본 부동산매매사업자인 홍길동씨의 예시를 통해 연말정산 및 종합소득세 신고 결과를 살펴보겠습니다.

예시

[연말정산]
① 홍길동씨의 총급여는 5천만원(원천징수는 매월 20만원)
② 부양가족은 없고 건강보험 부담액 250만원, 국민연금 부담액 200만원
③ 신용카드 소득공제액은 400만원 가정
④ 보장성 보험 100만원 납입

[연말정산 계산]

산식	항목	금액
	총 급여액	50,000,000
(-)	근로소득공제	12,250,000
=	근로소득금액	37,750,000
(-)	소득공제	1,500,000 + 2,500,000 + 2,000,000 + 4,000,000 = 10,000,000
=	과세표준	27,750,000

산식	항목	금액
(×)	세율	
=	산출세액	2,902,500
(-)	세액공제	660,000 + 120,000 = 780,000
=	결정세액	2,122,500
(-)	기납부세액	200,000 × 12 = 2,400,000
=	차가감 징수세액	(-)277,500

홍길동씨의 연말정산은 소득공제와 세액공제를 적용하여 결정세액은 2,122,500원으로 산출이 됩니다. 그런데 기존에 매달 20만원씩 급여에서 원천징수를 하여 이미 240만원을 납부하였으므로 결과적으로 277,500원을 연말정산으로 환급을 받게 됩니다.

추가적인 종합소득세 합산대상 소득이 없다면 종합소득세 신고가 필요 없이 연말정산으로 종료됩니다. 그러나 홍길동씨는 종합소득 합산대상인 부동산매매업 사업소득이 있으므로 5월에 종합소득세 신고를 해야 하며 예시를 통해 살펴보겠습니다. (소득공제와 세액공제는 동일함 가정)

[5월 종합소득세 신고]

산식	항목	금액
	종합소득금액	58,000,000 + 37,750,000 = 95,750,000
(-)	소득공제	10,000,000
=	과세표준	85,750,000
(×)	세율	
=	산출세액	85,750,000 × 24% - 5,760,000 = 14,820,000
(-)	세액공제	780,000
=	결정세액	14,040,000
(-)	기납부세액	11,520,000 + 2,122,500 = 13,642,500
=	납부할 세액	397,500

종합소득금액은 사업소득금액인 5천8백만원과 근로소득금액인 37,750,000원을 합산하여 산출됩니다. 소득공제를 차감하고 세율을 곱하여 산출세액을 계산한 후에 세액공제를 차감하면 최종 종합소득세 결정세액은 14,040,000원으로 계산됩니다.

여기에 토지등 매매차익 예정신고로 기납부한 11,520,000원과 연말정산을 통해 확정된 세액 2,122,500원을 차감하면 최종적으로 납부할 세액은 397,500원에 지방세 10%를 가산한 금액이 됩니다.

홍길동씨보다 급여가 낮은 경우라면 종합소득세 신고결과 환급이 발생할 수도 있으며 더 높은 경우라면 추가로 내야할 세금이 더 많아지게 됩니다. 결국 부동산매매업의 사업소득으로 인한 세금은 종합소득세이므로 타소득의 존재와 규모 여부에 따라 달라짐을 명심해야 합니다.

이상의 사례는 해당 부동산이 아래의 비교산출세액 적용 대상 자산이 아님을 가정한 경우입니다. 만약, 다음의 비교산출세액 대상인 부동산이라면 토지등 매매차익 예정신고시 기본세율이 아닌 높은 양도소득세율이 적용되고 종합소득세 계산시에도 해당 자산의 매매차익을 '주택등 매매차익'으로 분류하여 별도로 높은 양도소득세율을 적용하도록 합니다.

① 분양권
② 비사업용 토지
③ 미등기부동산
④ 중과세율 적용대상 주택

비교산출세액 대상 자산이 있는 경우의 종합소득세 산출세액

= Max [①, ②]

① 종합소득 산출세액

② ㉠과 ㉡의 합계액

㉠ 주택등 매매차익 × 양도소득세 세율

㉡ (종합소득 과세표준 - 주택등 매매차익) × 종합소득세율

결국 비교산출세액 대상인 부동산은 부동산매매업의 실익이 크지 않다는 것을 알 수 있습니다.

□ 세무대리인 선정

앞서 살펴본 바와 같이 부동산매매사업자의 경우, 복식부기로 장부작성을 하는 것이 일반적이나 장부작성은 회계프로그램을 이용해야 하고 그 외 매매차익 예정신고와 종합소득세 및 부가가치세 신고 등의 각종 세무신고를 직접 하기는 어렵습니다.

따라서 세무전문가에게 장부작성 및 세무신고 업무 대행을 의뢰하는 것이 일반적입니다. 이하는 부동산매매업 세무기장을 의뢰하시는 고객분들이 주로 궁금해하시는 부분에 대해서 정리를 한 것입니다.

1) 제공 서비스

세무기장 업무는 아래의 서비스가 제공되며 요금은 매달 발생하는 기장료와 종합소득세 신고시 연 1회 발생하는 조정료로 나누어집니다. 토지등 매매차익 예정신고는 월 기장료에 포함하는 경우도 있고 별도로 청구하는 경우도 있습니다.

월 기장료와 조정료 보수는 세무대리인마다 차이는 있으나 개인사업자인지 법인인지 여부와 매출액의 규모 및 업종 등에 따라서 달리 책정하는 것이 일반적입니다.

업무	요금 구분
복식부기 장부작성	월 기장료
부가가치세 신고	
면세사업장 현황신고	
토지등 매매차익 예정신고	
인건비, 4대보험, 원천세 신고	
종합소득세 신고	연간 조정료

2) 중요 고려 사항

부동산매매사업자 세무대리인은 수수료 측면 외 다음과 같은 사항을 고려해야 합니다.

(1) 부동산 세금 전문성

부동산매매업은 일반 음식점, 도소매업과는 사업 성격이 매우 다르고 토지등 매매차익 예정신고와 종합소득세 비교과세 등 세무신고 방식에도 일반업종과 차이가 있습니다.

특히, 부동산매매업의 세무기장은 부동산의 취득세, 종합부동산세, 양도소득세 등 각종 부동산 세금에 대한 이해와 전문성이 있어야 합니다. 따라서 일반적인 업종의 세무를 위주로 하는 사무실보다는 부동산 업종을 전문으로 하는 세무사 사무실을 이용해야 합니다.

(2) 원활한 의사소통

일부 세무회계 사무실의 경우에는 사무장이 관리를 하거나 중요한 세무 이슈나 질문 등에 대해서도 세무전문가가 상담하지 않고 기장 직원이나 사무장이 상담을 하고 세무사나 회계사와 상담이 어려운 곳이 있습니다.

일상적인 전표 작성이나 증빙 수집 업무가 아닌 중요한 세무 이슈 발생 시 세무사나 회계사와 직접적인 상담이 가능한지를 확인하고 초기에 기장 상담시에도 세무사나 회계사가 직접 궁금한 부분에 대해 답변을 해 주는지 등을 체크하는 것이 필요합니다.

(3) 부동산매매업의 많은 경험

개인 부동산매매사업자의 경우에는 가장 중요한 이슈가 사업성의 인정여부와 본인의 매매사업용 재고주택 이외의 주택을 매도하는 경우 1세대 1주택 비과세 적용이 되는지 여부 등입니다.

사업성이 있는지 재고주택으로 볼 수 있는지 등의 여부는 모호한 측면이 있어 세무당국이 사실관계를 검토하여 판단을 달리 볼 여지가 있습니다. 따라서, 부동산매매업 실무를 많이 경험하여 사업성 여부와 양도소득세 비과세 판단에 대한 실무적인 해석과 판단을 할 수 있는 세무대리인을 선정해야 합니다.

특히 세무당국과 이견이 있을 경우, 조세불복 등의 절차를 거치게 되는데 세무대리인이 조세불복과 같은 업무의 경험도 많은지를 고려해야 합니다.

3) 사무실 위치

세무 기장업무뿐만 아니라 양도, 증여, 상속세 신고 등의 모든 세무업무는 지역과 무관하게 가능합니다. 따라서 타지역에 위치한 세무대리인에게 기장대리나 세무신고를 의뢰해도 무방합니다.

다만, 상속세의 경우는 검토하고 준비해야 하는 것이 많아 사무실을 방문하여 상담하고 서류제출 등을 하는 경우가 많고 통상 일정금액 이상의 상속재산에 대해서는 세무조사를 받게 됩니다. 상속세 관할 세무서는 피상속인 주소지인지라 향후 조사 업무 대응의 편의상 돌아가신 분 거주지의 세무대리인을 선정하는 경우가 많은 편입니다.

그러나 세무기장 업무는 사무실을 방문하여 상담하거나 자료를 제출하는 경우는 거의 없는 편이라 사무실의 위치보다는 부동산매매업에 전문성이 있고 질문 사항에 대해 전화나 메신저로 원활하게 답변이 이루어지는지가 중요합니다.

4) 전달해야 하는 서류

아래 항목들은 세무대리인이 홈택스를 통해 조회가 가능하므로 따로 해당 증빙을 전달할 필요가 없고 세부적인 거래내역의 확인이 필요한 경우에 확인을 해 주시면 됩니다.

① 전자세금계산서, 전자계산서
② 홈택스 등록된 신용카드 사용내역
③ 지출증빙용 현금영수증

다만, 다음의 항목은 따로 전달을 해 주서야 합니다.

① 매매 관련 서류

   : 매각대금완납증명서, 매매계약서, 등기부등본, 법무사영수증, 취득
     세 납부영수증, 기타 취득관련 등기 비용 증빙, 중개사수수료 증빙

② 대출 관련 증빙: 금융거래 확인서, 이자 납입 내역서

③ 재산세, 종합부동산세 납부영수증

④ 종이세금계산서, 종이계산서

⑤ 홈택스 미등록 신용카드 사용내역(등록 전 사용내역 포함)

⑥ 현금영수증(소득공제용으로 잘못 받은 경우)

⑦ 화재보험증서, 차량구매계약서, 리스/렌트계약서

⑧ 간이영수증 등 기타 증빙

⑨ 프리랜서, 직원 고용시 인적사항 및 계약서 등

부동산매매업
법인 운영

1

법인 장단점

이 장에서는 부동산매매업을 법인으로 운영하는 경우에 어떠한 차이점이 있고 장점과 단점이 있는지 살펴보겠습니다.

비주거용 건물 신축 판매를 하는 부동산매매업이 아니라 경매 등으로 부동산을 매입하여 단기간에 매도하는 부동산매매업은 현재는 개인사업자로 운영하는 경우가 일반적입니다. 단, 특정한 경우에는 법인으로 운영하는 것이 더 유리할 수도 있습니다.

그러나 문제는 법인이 무엇이고 개인사업자와 과세체계가 어떻게 차이가 있는지 제대로 모르는 상태에서 어디선가 법인이 좋다는 애기만 듣고 무턱대고 법인으로 부동산을 매입하여 낭패를 보는 경우가 종종 있습니다.

따라서 본인의 상황에 법인이 유리한지를 사전에 철저히 검토한 후에 법인으로 운영을 해야 할 것입니다.

□ 법인이란

법인은 법에 의해 인격을 부여받아 권리를 행사할 수 있고 의무를 행해야 하는 주체로 개인과 다른 별도의 실체입니다. 즉, 1인이 100%의 지분을 보유하고 대표도 역임하는 1인 법인의 경우라도 해당 법인은 1인 주주이자 대표이사인 개인과는 전혀 별개의 존재입니다.

따라서, 이런 1인 법인이라도 법인의 자금을 함부로 인출하는 것은 횡령에 해당하고 형사처벌의 대상이 됩니다. 이에 반해 개인사업자는 사업용 부채가 자산보다 큰 경우, 초과인출금에 대한 이자비용 필요경비 불산입 외에는 자금의 인출에 제한이 없고 당연히 횡령 배임 등의 문제도 없습니다.

> **대법원 2005. 4. 29. 선고 2005도741 판결**
> 주식회사는 주주와는 독립한 별개의 권리주체로서 회사와 주주 사이에 그 이해관계가 반드시 일치하는 것은 아니므로, 회사의 자금을 회사의 업무와 무관하게 주주나 대표이사 개인의 채무 변제, 증여나 대여 등과 같은 사적인 용도로 지출하였다면 횡령죄의 죄책을 면할 수 없고, 이는 1인 회사의 경우에도 마찬가지이다.

이와 같이 사업을 법인으로 운영하려고 하면 개인사업과는 전혀 다른 차원의 운영이 필요하니 신중히 고려하여 선택을 해야 합니다.

□ 법인의 장점

1) 세율

법인을 설립하여 운영하거나 기존의 개인사업자 사업체를 법인으로 전환을 하는 경우, 가장 큰 이유는 낮은 법인세율 때문입니다.

개인 종합소득세율은 과세표준이 8,800만원이 초과되어도 35%의 높은 세율이 적용되고 지방세 10%까지 더하면 38.5%의 세율입니다. 그에 반해 법인은 과세표준 2억원까지는 9%의 세율이 적용되므로 종합소득세 대비 법인세 세율이 훨씬 낮은 것을 알 수 있습니다.

과세표준	종합소득세	법인세(*)
1,200만원 이하	6%	9%
1,200만원~ 5,000만원	15%	
5,000만원~8,800만원	24%	
8,800만원~1.5억원	35%	
1.5억원~2억원	38%	
2억원~3억원		19%
3억원~5억원	40%	
5억원~10억원	42%	
10억원 초과	45%	

(*) 2백억원 초과 3천억원 이하는 21%, 3천억원 초과시 24%

하지만 법인의 이익을 인출하기 위해서는 함부로 할 수 없고 배당이나 급여로 소득 처리를 하여야 하고 이 과정에서 배당에 대한 소득세 14%(금융소득 종합과세 대상이 아닌 경우)나 급여에 대한 소득세를 추가로 부담해야 합니다.

물론 이러한 배당소득세나 근로소득세가 추가로 발생함을 고려하더라도 종합소득 세율이 35%를 초과하는 구간이 적용되는 상태라면 법인으로 운영하는 것이 절세 측면에서 유리할 수 있습니다.

2) 주택 수 제외

법인은 1인 법인이라도 주주인 개인과 별개의 존재이므로 법인이 보유한 주택은 개인의 주택수에 포함이 되지 않습니다. 따라서, 양도소득세 비과세를 적용받을 주택 외에 나머지 주택을 법인이 소유하면 비과세 적용이 보다 용이하게 됩니다.

그리고 개인 부동산매매사업자의 경우, 매매사업용 재고자산인 주택은 1세대 1주택 비과세 판단시 주택수에서 제외하도록 하고 있습니다. 그러나 보유주택이 매매사업용 재고자산인지 아닌지 여부는 판단이 모호할 경우, 과세당국이 재고자산으로 인정하지 않는다면 비과세를 받지 못할 위험이 있습니다. 따라서 확실히 개인의 소유 주택과 분리를 하고자 한다면 법인으로 운영하는 것을 고려해 볼 만합니다.

그리고 부동산매매업은 매매 횟수 등을 고려할 때 계속·반복적이지 않고 사업성이 없다고 판단할 경우 사업소득으로 인정하지 않고 양도소득세로 추징할 위험이 있습니다. 그러나 법인은 매매 횟수와 무관하게 법인세로 과세되기 때문에 양도소득세 과세대상인지 사업소득인지에 대한 이슈가 없습니다.

3) 이익 변동이 심한 경우

개인은 1년을 과세기간으로 하여 당해연도에 발생한 사업소득을 종합소득세로 과세합니다. 즉 이익이 들쭉날쭉하여 올해는 사업소득으로 2억원의 이익이 나고 내년도는 이익이 없다면 올해는 40% 수준의 세금을 부담하고 내년은 세금이 없습니다.

그러나 법인의 경우라면 올해 9%의 법인세를 내고 남은 이익에 대해서는 급여나 배당으로 인출하게 되지만 급여나 배당은 인출 시점과 금액을 조정할 수가 있으니 전체적인 세금 부담은 줄어들게 됩니다. 따라서, 이익변동이 심한 사업이라면 개인사업자 대비 법인으로 운영하는 것이 보다 유리하게 됩니다.

4) 기타 고려사항

부동산을 매입할 때 일반적으로 대출을 받아 진행하는데 개인의 신용도가 낮거나 정부의 대출규제가 강화된 경우에는 법인으로 대출을 진행하는 것이 이자율이나 대출한도 측면에서 보다 유리한 경우가 있어 법인으로 운영하는 경우도 있습니다.

그리고 건강보험료 측면에서 사업자가 근로소득이 없고 본인의 사업장에 건강보험에 가입된 직원이 없는 경우에는 건강보험 지역가입자가 됩니다.

지역가입자는 재산이 많은 경우 그에 따라 보험료도 많이 나오게 됩니다. 그러나, 법인의 임직원으로 급여를 받게 되면 근로자이므로 지역가입자에서 직장가입자로 전환이 되고 직장가입자는 급여를 기준으로 건강보험료가 산출되므로 법인으로 운영하고 대표로 급여를 받는 것이 건강보험료가 절감되는 경우가 있습니다.

□ 법인의 단점

1) 주택에 대한 취득세와 종합부동산세 중과

개인의 경우, 취득세는 조정대상지역 2주택, 비조정대상지역 3주택부터 중과세율이 적용되고 종합부동산세는 3주택 이상이면서 과세표준이 12억원을 초과하는 경우부터 중과세율이 적용됩니다.

그러나 법인의 경우 주택수와 무관하게 최고 중과세율이 적용됩니다.

구분	주택수	세율
취득세	1주택 이상	12%
종합부동산세	1~2주택	2.7%
	3주택 이상	5.0%

주택이 아닌, 상가나 빌딩 등을 투자하는 경우에는 원칙적으로 개인이나 법인이나 차이가 없이 4%의 세율이 적용됩니다.

그리고 법인은 주택이 아니라도 아래의 경우에는 중과세율이 적용됩니다.

① 수도권 과밀억제권역 내(산업단지를 제외) 법인설립, 지점, 분사무소 설치
② 과밀억제권역 밖의 본점, 주사무소, 지점, 분사무소가 과밀억제권역 내로 전입

① 또는 ②에 해당하는 법인이 5년 이내에 과밀억제권역 내 부동산을 취득시에 8% 중과세율이 적용됩니다.

2) 토지등 양도소득에 대한 추가 과세

법인이 비사업용 토지 또는 주택(부수토지 포함)과 조합원입주권이나 분양권을 양도하는 경우에는 해당 부동산의 양도소득에 대해 추가로 법인세를 과세하게 되는데 이를 '토지등 양도소득에 대한 법인세'라고 합니

다. 이때 추가로 과세되는 법인세는 자산별로 다르며 다음과 같습니다.

① 주택, 조합원입주권, 분양권 ⇒ 20%
② 비사업용토지 ⇒ 10%

이는 부동산매매업을 하는 법인이라도 동일하게 적용이 됩니다.

> **서면인터넷방문상담2팀-587, 2007.04.03.**
> 부동산매매업 법인이 '토지등 양도소득에 대한 과세특례' 적용 대상 임야를 양도하는 경우에는 동 규정에 의해 계산한 세액을 법인세에 추가하여 납부하여야 하는 것임

따라서, 주택의 매매를 위주로 하는 부동산매매사업자라면 법인세에 주택 매매차익의 20%를 추가로 납부해야 합니다. 이런 경우는 추후 자금 인출에 대한 배당소득세나 근로소득세 등을 고려한다면 법인으로 운영할 메리트가 없는 것입니다.

3) 인출에 대한 제약

개인사업자는 사업자금 인출에 대한 제한이 없습니다. 다만, 부채의 합계액이 사업용 자산의 합계액을 초과하는 초과인출금에 대해서는 해당 초과인출금에 상당하는 지급이자를 다음과 같이 계산하여 필요경비 불산입하게 됩니다.

- 초과인출금 = 부채의 합계액 - 사업용 자산의 합계액
- 초과인출금에 대한 지급이자

$$= \text{지급이자} \times \frac{\text{해당 과세기간 중 초과인출금의 적수}}{\text{해당 과세기간 중 차입금의 적수}}$$

그러나, 법인의 자금을 이유없이 인출하면 횡령이 되므로 배당이나 급여로 수령해야 합니다. 만약 배당이나 급여로 인한 세금을 내기 싫어서 주주에 대한 대여금 명목으로 인출을 하게 되면 업무무관 가지급금으로 보아 다음과 같은 세무상 불이익이 있습니다.

⑴ 인정이자 익금산입

법정이자율보다 적게 받은 이자에 대한 법인세를 과세하고 상여나 배당으로 소득처분을 하여 소득세도 과세합니다.

⑵ 지급이자 손금불산입

차입금 금액 중 가지급금 금액이 차지하는 비율에 대한 이자비용을 인정하지 않고 법인세를 과세합니다.

4) 추가적 비용 발생

법인은 개인보다 운영에 비용이 더 소요됩니다. 초기에 설립시부터 설립에 대한 등기와 수수료 비용이 발생하고 등기에 변경사항이 발생하여 변경등기를 할 때마다 수수료가 발생합니다.

장부작성도 반드시 복식부기로 해야 하며 부가가치세 신고도 연간 4회

를 하게 되는 등 세무기장이나 신고 수수료도 개인사업자보다 높습니다.

  그리고 1인 또는 특수관계자가 주주인 경우에 다음에 해당하는 소규모 법인은 세무대리인에게 성실신고확인을 받아야 하고 이에 따른 성실신고확인 수수료도 추가적으로 발생하게 됩니다.

  ① 부동산임대업을 주된 사업으로 하거나 이자·배당·부동산(권리)임대소득금액 합계액이 매출액의 50% 이상인 법인
  ② 해당 사업연도의 상시 근로자 수가 5인 미만
  ③ 지배주주 및 특수관계인의 지분합계가 전체의 50% 초과

2

법인이 유리한 경우

　법인의 장점과 단점을 종합적으로 고려하여, 어떠한 경우에 부동산매매업을 법인으로 운영하는 것이 유리한지를 살펴보겠습니다.

1) 이미 고소득자인 경우

　종합소득세는 과세표준이 8,800만원을 초과하는 경우에는 35% 이상의 세율이 적용됩니다. 이미 타소득으로 인해 과세표준이 8,800만원을 초과한 상태라면 추가적으로 개인 부동산매매업으로 사업소득이 생기더라도 타소득과 합산하여 35% 이상의 세율이 적용될 것이므로 개인사업자로 부동산매매업을 운영하면 부동산매매업 소득의 상당부분이 세금으로 나가게 됩니다.

　따라서 이런 경우는 법인세가 과세표준 2억원 이하 9%이고 인출시 배당소득세 등을 고려하더라도 법인으로 운영하는 것이 전체적인 세부담 측면에서 유리할 수 있습니다.

2) 비주거용 부동산 매매를 하는 경우

앞서 살펴본 바와 같이 법인이 주택을 매매하는 경우에는 각종 세금 측면에서 패널티가 존재합니다. 취득세와 종합부동산세 최고 중과세율이 적용되고 양도시에도 주택의 양도차익에 대한 법인세가 20% 추가로 과세가 되는 등 법인으로 주택을 매매하는 것은 세금 측면에서 실익이 없습니다.

그러나 주택이 아닌 상가나 오피스텔 등 비주거용 건물을 매매하는 경우에는 이러한 취득세, 종합부동산세, 법인세의 세무상 패널티가 없으므로 낮은 법인세율을 고려하면 절세 측면에서 법인으로 운영하는 것이 메리트가 있습니다.

3) 중과세 적용을 피하는 매매

주택을 거래하더라도 시가표준액 1억원 이하인 주택을 거래하면 취득세 중과세율을 배제하고 1%의 세율이 적용됩니다. 이는 법인에게도 동일하게 적용되므로 저가 주택 위주로 매매를 한다면 취득세 중과세를 피할 수 있습니다.

그리고 종합부동산세는 6월 1일자로 보유한 주택을 과세대상으로 하므로 주택을 매매하더라도 6월 1일 이전에는 보유 주택을 모두 처분하여 일시적으로 보유하지 않다가 6월 1일 이후 주택을 취득하여 보유하게 되면 종합부동산세의 대상이 아니므로 종합부동산세를 피할 수 있습니다.

이와 같은 방식으로 주택 매매를 한다면 법인이라도 취득세와 종합부동산세의 중과세율은 피할 수가 있습니다. 하지만 주택의 양도차익에 대한 법인세 추가과세는 여전히 발생하는 점은 고려해야 합니다.

4) 주택수 제외가 목적

개인 부동산매매사업자의 경우, 매매사업용 재고자산인 주택은 1세대 1주택 비과세 판단시에 주택수에서 제외됩니다. 그러나 부동산매매업의 사업성여부 등에 따라 매매사업용 재고자산으로 인정받지 못하고 본인의 거주용 주택의 비과세 판단시 주택수에 포함되어 비과세를 받지 못하는 상황이 발생할 수 있습니다.

그러나, 법인으로 보유한 주택은 개인 소유와 별개로 제외되므로 1세대 1주택 비과세를 받는 데 있어 영향을 미치지 않고 매매업의 사업성 여부도 고려할 사항이 아닙니다. 따라서 본인의 1세대 1주택 비과세 판단시 주택수에서 확실하게 제외하고자 하다면 법인으로 운영을 고려해 볼 수 있습니다.

그리고 현재는 다주택자 양도소득세 중과세율이 한시적으로 유예되고 있으나, 개인 부동산매매사업자의 재고자산인 주택도 중과세율 적용시에는 주택수에 포함이 됩니다. 따라서, 개인이 보유 중인 주택 중 조정대상지역의 주택을 양도할 계획이 있는 경우에도 법인으로 주택을 보유하여 주택수를 줄이는 것이 유리합니다.

[개인 부동산매매사업 재고자산 주택수]

구분	주택수
취득세 중과세율	포함
종합부동산세 중과세율	포함
양도소득세 중과세율	포함
양도소득세 1세대 1주택 비과세	제외

정리하면, 고소득자인 다주택자가 부동산매매업을 하고자 한다면 법인으로 운영하되 주택이 아닌 부동산 매매를 하거나 주택을 매매한다면 시가표준액 1억원 이하 물건을 거래하되 6월 1일 기준으로 주택을 보유하지 않는 방법을 사용한다면 법인으로 운영하는 것이 보다 유리할 것입니다.